凛として輝く
不動産こそ、我が人生！

不動産女性塾 著

住宅新報社

はじめに！

不動産女性塾は、
①不動産業界に恩返しがしたい！
②この不動産業界で働く女性たちを次世代に継なぎたい！
③不動産業界のイメージアップを図りたい！

この三つの私の強い思いから、古くから親しくしており、現在も素晴らしい活躍をしております３名の方、武藤正子様、曽根恵子様、野老真理子様にお話しを致しましたら、即、賛同してくださいました。

そして、私を塾長とし、
曽根恵子様は、副塾長および事務局長
武藤正子様は、副塾長
野老真理子様は、副塾長
近藤紀一様は、顧問
以上のメンバーで、平成28年11月１日に設立致しました。

不動産に関する仕事をする女性の各協会、各組織の枠を越えて親睦を深め、お互いの人間的成長を目指し、それぞれが培った経験や体験を共有する勉強会・交流会を隔月で開催致します。もう既に4回開催致しましたが、塾生の皆様の交友関係の素晴らしさか、参加者皆様の意識の高さに驚きました。講師にお願いしたいと思う方がたくさんおられます。

女性がもっと活躍すれば、これからの不動産業界の前途は明るいと確信致しました。その上、仕事の他に、それぞれが趣味を持ち、生活をエンジョイしております。

今年の1月、沖縄の不動産業界の女性10名を伴い、ハワイの不動産業界の方々との勉強会・交流会に参加して参りました。アメリカの不動産業界は、既に6~7割が女性です。そして、地位も高く、評価もされております。私たち、日本の不動産業界に働く女性の前途の目標が明確に確認された思いが致しました。そして、皆様、生き生きと輝いておられるのです! 感動致しました。

人間の一番大切な【衣食住】のうち、【住】に関する仕事は一番高額な仕事です。たとえ賃貸であっても、何万円かの扱い金額です。それに携わる職業の私たちは、それなりの意識と知恵、そして顧客に与える印象も良くなければいけないと思います。

ますます日本は超高齢化社会になり、人間の寿命は伸びております。特に女性は長生きです。一度きりの人生を、死ぬまで生き生きとしていたいと思います。それには、目標のある人は、希望があるので、元気で生きられると言われております。

私たちには、**素晴らしい**職業があります。

そして、**素晴らしい**仲間がおります。

そして、**素晴らしいご縁**がどんどん広がっております。

業種は異なりますが、日本のみならず世界で活躍しておられるデザイナーのコシノジュンコ様に、「この本の表紙を飾る帯を書いてくださらないかしら？」とお願い致しましたら、即座に「良いわよ！　何て書きましょうか？」と受けて下さいました。これも長くお付き合いをさせて頂いている**『ご縁』**の賜物だと思います。

皆様と共にこれからも良い**『ご縁』**を作り、**共に**活躍しながら、**共に**楽しい人生を過ごして参りましょう！

不動産女性塾塾長　北澤　艶子

目次

はじめに！
不動産女性塾塾長　北澤艶子……1

第1章✶不動産業界を彩る女性たちのことば
「不動産女性塾」交流会……9

第2章✶女性の感性を生かして仕事を続けてきて見えること
✶信用は無限の財産なり
北澤商事株式会社　代表取締役会長　北澤艶子……39

＊ 地域になくてはならない会社を目指して！
株式会社すまいる情報光が丘　代表取締役　武藤正子……67

＊ 女性の発想力で仕事を創る
株式会社夢相続　代表取締役　曽根恵子……85

＊ 『地域とともに』34年を振り返って
大里綜合管理株式会社　代表取締役　野老真理子……109

＊ いつも「生かされている」感謝の気持ちを
山一興産株式会社　代表取締役社長　柳内光子……125

＊ 農業経営から不動産経営の道
有限会社服部不動産　専務取締役
有限会社末広不動産　常務取締役　服部ふみ江……141

✳ パートから役員への転身
株式会社花沢コーポレーション　専務取締役　上田照子 …… 163

✳ 紡ぎ続けて
株式会社東悠エステート　代表取締役　東福信子 …… 179

第3章 ✳ 不動産女性塾の活動

「不動産女性塾」発足について …… 204
第1回交流会　平成28年11月11日 …… 206
第1回セミナー　平成29年1月11日 …… 207
第2回セミナー　平成29年3月23日 …… 208
第3回セミナー　平成29年5月24日 …… 209
不動産業界の理想と現実　～女性社長の本音から～ …… 210

おわりに

資料★データで見る不動産業での女性の在り方

装丁・本文デザイン　吉村朋子
DTP　トゥエンティフォー
図表作成　川田あきひこ

第1章 ＊ 不動産業界を彩る女性たちのことば

「不動産女性塾」交流会

平成28年11月11日（金）　会場：ＪＢＣビジネスラウンジ

参加者リスト（敬称略）
北澤商事㈱・北澤艶子会長・北澤見和専務、㈱すまいる情報光が丘・武藤正子社長・武藤早苗取締役、㈱大里綜合管理・野老真理子社長、㈱夢相続・曽根惠子社長・上田幸子、㈲パルホームサービス・田尻敬子社長、丸長ハウス㈱・鵜澤美世店長、㈱山盛・西澤希和子取締役、㈱南総エステート・加藤幸子社長、㈱フソウアルファ・関川奈那・高山千秋・梅原直子、㈱花沢コーポレーション・上田照子専務、㈱週刊住宅新聞社・長尾睦子取締役、丸一土地建物㈱・島崎京子取締役、㈱イービーエム・横井貴子、ＷＩＴＨ㈱・福地真寿美社長

不動産女性塾の発足の趣旨

曽根（司会） 第1回目の交流会ということですので、私どもの気持ちを、お話を聞いていただき、また皆様方のお話も伺って、長く続くいい会にしたいと思います。よろしくお願いいたします。（拍手）

ご挨拶がおくれましたが、司会進行をさせていただきます夢相続の曽根です。

まず初めに、式次第、皆様方のお手元にあろうかと思います。この式次第に沿って始めさせていただきます。

では、初めに塾長の北澤艶子会長からお話をいただきます。お願いいたします。

左から副塾長野老氏、武藤氏、塾長北澤氏、副塾長曽根氏

（拍手）

北澤塾長　ただいまご紹介にあずかりました北澤商事の北澤艶子と申します。

塾長を務めさせていただきます。私がこの不動産女性塾を始めたいと思ったこと、どうしてこういうことを始めたいと思ったのかということを考えて、したためてみました。

そして、その目的を３つ考えたわけです。まず第1番目に、私の大好きな不動産業界に恩返しをしたいと思ったのです。私は60年前、何にもわからない小娘が不動産業を始めました。そして60年間、こうして続けさせていただいております。そして、こんな幸せを得ました。そして、こんないい友を得ました。今回もこのようなことをやりたいと言ったら、即賛同してくださる方がいます。こんな幸せなことはありません。

私は、２番目の目的といたしまして、こんないい仕事を次世代に続けたい、次世代の女性に継承してもらいたいと思ったのです。この不動産業、60年前に始めましたころは、とにかく周旋屋、千三つ屋とか、よくそんな商売をやるねと言われる職業でした。60年たってだいぶ良くなったとはいえ、まだまだです。

11月の1日、2日、「日米女性ビジネスネットワーク協会」というのができました。フォーラムがございまして、私も参加いたしました。アメリカの不動産業は、今や6

割が女性になりました。皆さん、それは輝いて、自信を持って仕事をしております。私も日管協のおかげで19年間、全世界の住宅を視察研修してまいりました。日本はどの国を勉強したら良いのかと思いましたら、やはりアメリカのです。アメリカを勉強しなければいけないと思いました。そして、あのような女性たちに日本の不動産業界の女性たちもなったら、もっともっとイメージアップするんじゃないかと思いました。

3番目の目的は、この業界のイメージアップを図りたいのです。新卒の女性が、「どこの業界に入りたいの?」と聞かれたら「不動産業」と答えるような、すばらしい業界にしたいと思っているのが私の夢でございます。

一度限りの人生を不動産業のイメージを変えようという夢を描いて、進むべき道があることに幸せを感じています。

そして、何かを信じて生きること、四つ葉のクローバーとはそういうことなのです。1は勇気、2に信頼、3に愛情、4に希望。私が日管協の会長を務めさせていただいたときに、この4つの幸せのシンボルの四つ葉のクローバーでバッジをつくりました。日管協の会長になることができたのは、自分の人生を変えられるほどの出来事がありました。

想いがなければ何事も達成できませんので、皆さんも強い想いを持っていただきたいのです。私は60年間、本当にカメのような歩みの業を続けてまいりました。「そんな細かい仕事よくやるね」と言われるような管理も最初からやってきました。まさにカメのような歩みです。でも、ウサギさんのように途中で怠けたりなんかしません。ただひたすら山の上の旗の目標に向かって私は歩み続けています。

まだ山の上の旗はつかんでいません。それがゴールです。この不動産の女性塾が継続していくこと、それを私の目標にしたいと思っています。すばらしい塾生さんに恵まれて幸せです。がんばっていきます。

不動産は良い仕事。お世話になったこの業界で何ができるか

曽根（司会）　北澤会長、ありがとうございました。（拍手）

では、次は、大里綜合管理の野老社長にお願いします。

野老　皆さん、こんばんは。きょうは忙しい中、来てくださいましてありがとうございます。

私は、千葉県の九十九里浜の大網白里市というところで不動産業を経営しています。私も北澤さんと同じく、もうこの仕事をして33年がたちました。会社そのものは43年になるんですが、私を含めた兄弟は、母が

やってくれたこの仕事のおかげで高校、大学を出させてもらうことができ、私自身もこの仕事に携わることができて3人の子どもを育て、そして今、社会に飛び立たせ、ありがたいなと思っています。とてもいい仕事だと、それから感謝もしています。そんなふうに思っていたところに、自分たちで培ってきたものをきちんと提供できるような場をつくるということを北澤会長から聞いて、すごいなというふうに思って、こんな大役をできるかという自信はないんですが、私も感謝しています。お世話になった不動産業界に何ができるかというのは、やっぱり後輩の皆さんに自分たちが培ってきたものを少しでも伝えたり、一緒になって悩んだりということなんじゃないかなと思っていますので、ぜひ一緒に勉強できたらいいなと思っています。よろしくお願いします。（拍手）

曽根（司会） では、次は、すまいる情報光が丘の武藤社長、お願いします。

武藤（正） 皆さん、こんばんは。すまいる情報光が丘の武藤正子と申します。

私は、光が丘パークタウンという板橋区と練馬区にまたがる大団地、1万2０００戸という、そこの団地に特化した不動産会社で29年になります。その前は、高島平団地って皆様ご存じだと思いますが、そこで8年間、そして光が丘で29年、ちょうど37年この業界で仕事をしています。それも団地の売買と賃貸という、それに特化したというところが女性の──余り大きな地域ではなく、小さな地域ですけれども、水平的な広がりを望まず深く深耕していくというのに徹した不動産会社をやってまいりました。

私は小さいときから2階家に住みたいなと思っておりました。中学1年のときに両親が、夜寝ているときに家を買う算段をしていたのです。私は「2階家がいい」って起きながら行きましたところ、父に「子どもは黙ってろ」と言われました。でも、父はそのとき「クラスで一番になったら家を買ってやるよ」と、言いました。そしたら私も一生懸命勉強しまして、一応その目的を達したら、父は慌てて中学2年のときに2階家を買ってくれました。そのときに、自分の勉強机、その部屋ができたことが本当にうれしくて、子どももとても幸せになれるんだというのを実体験して、それが今、私が仕事をやっている原点になっております。

ですから、北澤会長の言われるように、小さなことをこつこつと積み重ねるというのが一番女性にはふさわしいと思います。女性ならではの力が発揮できる、やはり不動産仲介業というのが一番いい仕事だと思っています。

よく北澤会長が108歳まで現役と言っておられるので、私もあと20年は頑張って仕事をやっていこうかなと思っております。この仕事を天職と思っておりますので、これから活躍する若い方たちや女性のために少しでもお役に立てればいいなと思って、北澤会長のお誘いで、今回参加をさせていただきました。これからもどうぞよろしくお願いいたします。（拍手）

曽根（司会） 皆様こんばんは。夢相続の曽根と申します。もう一つ、フソウアルファという会社も運営しております。

私も不動産業に入りまして、もう35年ぐらいになります。フソウアルファという会社をつくりまして、ことしが30年目になります。そして、その途中で相続に出会いまして、夢相続という会社をつくってことしが16年目になります。

私は、最初は出版社に入りまして、全く不動産のことは眼中にありませんでした。でも、諸事情がありまして、昭和57年に宅建の試験を受けましたところ、たまたま合格できて、それから不動産業に入ったという経過があります。

ところが、不動産業に入ってみて愕然としましたのは、余りに評判がよくなかった。すぐバブルになって、土地転がしだのと言われまして、不動産業ってこんなに評価が低いのかとがっかりしたんですね。

昭和62年に不動産の会社をつくって独立をしましたので、そこで決意したのは、やはり信頼できる仕事をしていきたいと、周りの方から信頼できて喜ばれる仕事をしていきたいと、そういうことを目指しました。

それは、自分たちが仕事をつくっていくこ

とできるんだなというのを、実は仕事をしながら実感をしたんです。いろんなことがありますが、それは自分が思ったことを、思った仕事をつくっていけばいいんだなと気がつきました。特に、平成5年に不動産コンサルティングマスターの、その認定制度が始まったときに感じたんですが、本当に男性社会でした。女性が数えられるほどしか、数パーセントしかいなかったという状況でした。その平成5年の当時から相続の仕事を始めていましたので、相続を一緒にやっていきましょうよという、諸先輩方に提案したんですが、全くその当時は相手にされなかった感じがありました。でも、そのときに、やはり成果を出して自分で積み上げていけば、この大先輩を抜けるなと感じました。

そこで心がけたのは、実績をつくって実例を記録して発表していくことで新たな業態もつくれるし、飛躍していけるということでした。それが相続の仕事になって、相続コーディネートという業態をつくってきたわけです。

こういうことを重ねながら、今、本当に思いますことは、不動産というのがすごく可能性があって、いい仕事だなということなんです。日ごろ私どもは、士業の先生方と仕事をしております。弁護士さん、税理士さん、司法書士さん、そういう社会的評価が高い人たちと仕事をしているんですが、でも仕事のポジショニングだとかつくり方によって、不動産業だから下にいなきゃいけないということでなくていいことを発見したんです。自分たちが仕事をつくって、お客様が自分たちに近ければ、その士業の先生方の上に立てる、あるいは並べる仕事ができるというふうにも思っております。

そして、弁護士の先生は争いがないと仕事にならないということもあります。税理士の先生は会計処理という後の仕事だという、そういう仕事なんですが、でも不動産は前向きな提案ができるんだと、つくっていくことができるということを感じて、やっぱり本当に一生ずっとやっていっても楽しみがある仕事だというふうに感じてい

第１回交流会の様子

ます。

なので、こういう思いとか実例を多くの方に知っていただいて、女性が男性以上に活躍できる場でもあるので、もっとみんなで一緒にやっていって社会貢献したいという思いで、この会をやっていこうと思います。

北澤会長が100歳まで現役ということなので、私たちは後に続いていきたいと思います。皆さんも一緒にやりましょう。お願いいたします。(拍手)

女性は農耕型。だから不動産業が向いています。

北澤塾長　ありがとうございました。きょう芽生えました、この小さい芽が潰されることなく、私は一度始めたことは絶対ずっと続けたいたちなのです。ですから、本当にきょう小さい芽ができました。その芽がどんどん伸びていって、皆さんに広がって、ああ良かったなと、そういうことにしていきたいなと、憧れの職業が不動産業だという強い思いでやっていきたいと思っております。
それで、特に女性はまだ結婚なさってない方は、絶対にお子さんをつくってもらいたいのです。「結婚がすべてじゃない」「子どもがすべてじゃない」ということをよくおっしゃる方がいるのですが、私はそうは思いません。女性は、本当に農耕型です。

先ほど言った芽です。きょうは女性塾という芽が出ましたけれども、子どもの芽を植えていただいたら、その子どもが大きくなる。女性というのは子どもが大きくなることを生きがいで生きていかれるのです。ところが、男性は狩猟型です。戦おう、戦おう、と言うのが男性。時代が変わったと言いますが、今も本質は変わらないと私は思っています。女性の本質を生かしながら、男性がいて、やはり女性が生きることが大切です。

男性はすばらしいと思っています。私の母は明治の人間ですから、よくこういう言葉を使っていました。利口の女性とばかの男性が匹敵するぐらい、いくら女性が利口ぶっても男性のほうが上と言って、男性を立てていました。私もやっぱり男性は立てます。本当にすばらしいと思います。女性の経営者は、日本はまだ今のところ7・51%、100人中7人ほどです。アメリカの不動産業の女性たちは、資格を持っているので、それぞれ自分の家にいながら仕事をしております。それで自分の余暇は子どもと過ごしたりしています。こんな良い事はないと言っていました。いずれ日本もそうなると思います。この不動産業は、女性に向いているのです。住まいが好き、お部屋も大好きです。住まいに対する目線というのは女性の目線を生かせると思います。

曽根さんは、相続では女性に限らず日本

で一番です。一番数を手がけております。そして、野老さん、ご存じのように地域貢献がすごいです。きょうも大阪から企業視察に見えているそうです。私たちも先月行ってきました。地域のために、社員1人は3つ地域貢献をやる。私が今ごろ考えることなんか、もう既に野老さんがやっています。

この会にはすばらしい人がいっぱいおりますから、皆さん盗んでください。良いことは盗むのです。自分のものにする。きょう皆さんのところにお配りしております『北澤便り』、これは毎月やっております。実はもう16年ぐらいたつのですが、これは野老さんが「大里便り」というのをやっていたのです。それで、「あら、野老さんいいわ。私もやりたい」と言いましたら、「どうぞやってください」と。それで『北澤便り』を始めまして、もう既に192号、192カ月やっているということです。何でも良いことは続けたほうが良いと思います。

ですから、きょう集まっている方たち、みんなすばらしい方がいっぱいおりますので、それを自分のものにしてください。

きょうお見えの住宅新報さんの本多さんは、この本を去年書いてくださいました。これは「一途に生きる！」と私のことを書いてくださいました。そして、この本の後ろの部分の年表を見ていただけばわかりますが、不動産業の歴史が全部わかります。それをつくってくださいました。本多さんが第1号として書いてくださったのです。私のために。

そして15年前に、NPO不動産女性会議をつくり、そのときは週刊住宅新聞社さんに本をつくっていただきました。

この会にはすばらしい人がたくさんいます！

曽根（司会） では、引き続きまして、本日参加いただいた方、会社名とお名前、あと一言ずつメッセージをいただきたいので、座っていただいた順に、長尾さんからお願いいたします。

長尾 週刊住宅新聞社の長尾睦子と申します。本日は、北澤さんのお話だったので、多分絶対にすてきな会だろうなと思って参加させていただきました。私自身は子育ての間ブランクがあり、その後に社会に復活をするときに、夫から「週刊住宅新聞社というのは不動産業界の方たちがクライアントさんというか、おつき合いをするんだからおまえも勉強しろ」と言われて、「不動産の勉強をして、それでちゃんとそこで働きなさい」と言われて、自分でちゃんと応募して、働いて、不動産業界というものを理解して、そして社会のために働くようにということで不動産業にかかわっております。

人様に不動産をご案内するときに、大学出たときの私ではできなかったこと、自分が経験して、こんなことだったらお客様に提案できるなというようなこととかも、体験するとこんなにできてすてきな世界だなと。本当はちょっと、いいイメージがなかったんですけれども、やってみたら何てすてきなんでしょうと感じることができたので、そういうようなことを伝えていきたいと思います。皆様のところで一緒に勉強させていただいて、そういうことを広めて、不動産業界というのがすてきな女性で輝けるというのがいいなと思うので、皆様と勉強していきたいと思います。どうぞよろしくお願いいたします。（拍手）

北澤塾長　上田さん、お願いします。

上田（照）　きょうは国分寺という、ＪＲ中央線、立川より3つぐらい手前の駅より参りました花沢コーポレーションの上田と申します。どうぞよろしくお願いいたします。

あまり不動産というものに興味もございませんでした。子どもを2人産んで、小学校に入るまではほとんど専業主婦に入っておりましたけれども、当時、母が私の背中を押しました。「これからは女性も社会に出る時代よ」と。「今は子育てで大変かもしれないけれども、その準備をしなさい」ということで、母がある雑誌に、はさみ込まれた通信教育のはがきを申し込んだんです。それが何とペン習字と、洋服をつくる洋裁の基本的なコースでした。

私は初めて社会人となりましたのは、皆さんよくご存じの都市銀行でした。退職して7、8年したころ「そろそろ復帰しませんか?」という、上司の方からお電話をいただいたりしたものですから、それも考えながら、母に背中を押されたこともあって、久々に社会に復帰したのがまず銀行でございました。

銀行に復帰いたしまして、窓口を長いことやらせていただいたときに、ある方からお声をかけていただきました。お客様だったんですけれども、「うちに来ないか」というお話でした。その方は不動産に携わってなかったのですが、会社が自宅からも近いところにあって、時間的にも余裕があり、転職を致しました。

ここは美顔器を製造している会社でしたが、いろいろなことがありまして3年で退職致しました。

その後パソコンスキルを身に付けるため、スクールに通いました。そんなとき、目に留まりましたのが、人材募集のチラシでした。そこは以前、私の義父が勤務していた不動産会社だったのです。そこのご子息とは、学生時代ロータリークラブがスポンサーになっている「ロータリーアクトクラブ」というロータリー会員の方で地元のリーダーと交わり楽しみながらボランティア活動を一緒にさせていただいておりました。いろいろなご縁もあって、興味を持って、初めてその不動産会社、花沢建設の面接に行きました。

ただ、子どもが小さかったので最初はアルバイトでした。ただ、アルバイトをさせていただきながら、私は「この会社に必要と思われる人間になろう。会社にとって私は自分の給料以上の働きをしなくてはいけない」。常にそういうことを考えながら仕事に向かっておりました。

気づいてみれば、アルバイトで入っておりましたけれども、土日も会社にいるような状況でございまして、結果、アルバイトから社員に雇用していただいて、オーナーの秘書を15年ほど務めさせていただきました。そしてその後今の会社代表でおられるのが「花沢コーポレーション」という会社ですが、そこの専務取締役として不動産を勉強させていただいております。

この不動産女性塾に参加されている皆様は不動産はプロでいらっしゃって、長いこと携わっている方ばかりのようですが、私は本当に秘書時代は不動産については未知でした。トップの人がどのようにしたらお仕事がしやすいのかという環境を常に考え、来られた方が気持ちよく、また「花沢さんに寄りたいな」というような応対をすることが私の仕事だと思っておりました。不動産についてはは勉強し始めたばかりでございますけれども、どうぞこの場をおかりいたしまして、歳はかなり重ねておりますが不動産のことについては新人でございますので、どうぞよろしくお願いいたします。

（拍手）

西澤　こんにちは。株式会社山盛の西澤希和子と申します。千葉市若葉区から来ました。山盛の会社の社長は私の主人でございます。結婚するまでは不動産業には一切携わっていませんでしたが、結婚してから24年ぐらいになるのかな、そこからずっと不動産をやっております。

もとは人材派遣業の会社をやっておりまして、そこで一緒になりましたので、働き出してから子育ての時間もありましたが、基本的には一度も仕事をやめたり休んだりしたことはございません。ずっと働き続けて、仕事をやるのが普通であるというような生活を送っております。

今は千葉のほうで、不動産だけではなく、北澤さんとも一緒なんですけれども、全国住宅産業協会の女性の会でご一緒させていただいております。そちらのほうで女性の会と、あと新規事業委員会といいまして、不動産の後見人の勉強等を東京大学と一緒に共同研究しております。そちらのほうの担当もしておりますので、今後ちょっとそちらのほうを皆さんにご紹介するときもあると思いますので、よろしくお願いいたし

第１回交流会の様子

ます。（拍手）

武藤（早）　株式会社すまいる情報光が丘の武藤早苗と申します。きょうは副塾長として武藤正子がおりますが、私の母です。皆様いろいろとありがとうございます。

私は母と不動産の仲介業、光が丘パークタウンを母の会社で務めていまして、小さいころから母の仕事をする姿を見てまいりました。子ばかではございますが、一生懸命、本当に頑張っている母なので、きょうは不動産業でご活躍されている北澤塾長、副塾長の野老さん、曽根さん、本当にきょうはこういった場も、私も勉強ができてとてもありがたく思っております。

そして、きょうの設立日が11月11日、１

が4つ、一番輝いている女性たちがきょう1111の日に設立、輝いている方たちの設立日がいい日だなと思いまして、忘れられない日になりますので、今後とも頑張ってほしいと思いますし、応援もしていきたいので、自分も頑張りたいと思います。どうぞよろしくお願いいたします。(拍手)

横井　皆さん、初めまして。私は株式会社イービーエムの横井と申します。

実は私は全く不動産にはかかわりのない化粧品とスキンケアの会社から参りまして、本当にきょうはドキドキしながらこの会場に来たんですけれども、曽根代表と弊社のマツシマ、社長なんですけれども、女性でして、ご縁をいただいて……

曽根(司会)　そうそう、何か一緒にやりたいねと言われました。

横井　そうなんです。弊社の社長も非常にエネルギッシュで、元気が服を着たらこういう人だなというぐらいの、そういう人なんですけれども、曽根代表にお会いして、何かすごいエネルギッシュな人と出会ったと、本当に感動の嵐で私に話をしてくれまして、「女性としてやっぱり学ぶことがたくさんあると思うからぜひ行ってきなさい」という、そういうご縁できょうは参りました。

弊社は全く違う業界におりますが、700名社員が全員女性で、輝いてお仕事をしておりますので、また何かいろいろな違う業界だからこそできることというのが見つかればなと思って、今回はお邪魔をさせていただいております。どうぞよろしくお願いいたします。（拍手）

加藤　皆さん、こんばんは。初めまして。南総エステートの加藤と申します。

私は千葉県の館山市から参りました、南総エステートの加藤と申します。

私は、主人がやはり建築業をしておりまして、その関係で嫁ぎましたときに、何年か後に不動産業のほうに携わるようになりました。不動産女性会議という会議に所属しておりまして、先ほど北澤社長のほうからご紹介ありましたその本がきっかけになりまして、田尻さんですとか北澤さんですとかコンタクトをとらせていただいて、今回この会に参加させていただく運びとなりました。不勉強ですので、よろしくお願いいたします。（拍手）

福地　皆さん、こんばんは。ＷＩＴＨ株式会社の福地と申します。ここにこれだけ不動産大好きというか、不動産のプロの方々とお目にかかれまして、本当に力強く思っております。

何から話していいかわからないぐらいいろいろな思いがございますが、来週の金曜日に、１週間後に千葉の役場でプレゼン、プロポーザルをさせていただくのは、廃校になった小学校と廃園になった保育園を日本語学校にするために、先週バングラデシュに行ってきまして、バングラデシュはアジアの最貧国でございまして、ユニクロが工場をつくったんですけれども、そこで働く女工さんの賃金が1カ月6000円、1日300円ですね。それでも1万円もらえれば親子4人が幸せ、まあまあ食べてはいけるという国ですので、そういうところの女性に、日本語を覚えてもらって、そうすると賃金格差が非常にございますので、1日3時間アルバイトしながらでも仕送りや貯金ができる、それで母国の家族を養えるというか、今そういう取り組みも、あくまでも不動産を生かすという、不動産を力強くして日本経済を力強く女の力でしたいというふうに思っておりますので、そんな取り組みもさせていただいております。

本業は不動産の転用と再活用をさせていただいておりまして、たとえば、小樽市というのは観光都市で法人税収入はほとんどない。そういうところで、閉まってしまった歴史的建造物、NHKの朝の連続テレビ番組「マッサン」のときのニシン御殿のようなものなんですけれども、観光客の方が見て行ったときに「現在使われておりません」となってしまうと格好が悪いという市のほうの要請があって、そこは今、私どものグループ会社がインバウンド用の料亭にして、昼間だけなので9時から、後片づけしても5時で近所の奥様方に住人の雇用が生まれたりとか、不動産を通して人が豊かになって、特に女の人が自分の人生をよかったと、いいなと思える日々をつくっていけたら一番うれしいなというのが、ここは女だけですから本音でございます。

今後とも皆様と、ご指導をいただきながら、どうぞよろしくお願いいたします。ありがとうございます。（拍手）

鵜澤　皆様こんばんは。千葉県の船橋市の丸長ハウスから参りました鵜澤と申します。

私が不動産業にかかわるようになりましたのは、両親が始めた会社で事務職で仕事の手伝いをすることから仕事に入りまして、賃貸の仲介を非常に長くやっていましたけれども、お客様に一番合ったお部屋を紹介するのが楽しくて、今まで20年やってまいりました。

最近は、小さなころからお世話になっている大家さんのお役に立ちたいなという気持ちが強くなりまして、曽根さんの夢相続で勉強させていただいたりする中で、きょう田尻社長にお声がけをいただきまして、この場に来させていただきました。

日ごろから新聞やテレビなどでお見かけする方々がいるところなので、非常に緊張してきましたけれども、お話を伺ってましたら千葉にゆかりのある方がたくさんいたので勉強していきたいと思います。これからもどうぞよろしくお願いします。（拍手）

田尻　私、田尻敬子と申します。不動産のきっかけはリクルートのコミュニティレディー、あのころ読売住宅販売とリクルートさんの住宅情報が競っていたときに、1行1万3500円、帯情報を募集するという企画が、年齢が40歳までというので39歳で応募いたしまして、400人中40人ぐらいかな、それがスタートです。

それで、独立したのもいろいろあったんですけれども、独立したてのころに不動産流通研究所の視察旅行があり、ロサンゼルスとサンフランシスコに行きました。そのときに、こういうお偉い人とは存じ上げないで、ユニバーサルスタジオをお二人、曽根さんと北澤さんを引っ張り回して、こんなおつき合いになるとは全然思わなかったんで、後になって冷や冷やものだったんですけれども、それで曽根さんのお誘いを受けて入らないかということで、この不動産女性塾の前身、「不動産女性会議」に入れさせていただきました。

そこで15年前を思い返してみたらば、そのときの本には将来お年寄りの施設をつくりたいというのを書いてあったんですね。それで15年たって規模は全然小さいんですけれども、やっぱり思えばかなう、書けばかなう、続ければかなうというのを本当に目の当たりにして、こういったグループに入っていてよかったし、北澤さんの、信用が第一、仲介専門、何しろ私の目指すところでいますので、またより磨きをかけてやっていきたいと思います。

でまた、NPOで大江戸東京音頭連とい

うのを、本当に不動産屋が何でと思うんですけれども、これも13年続けておりまして、一昨年NPO団体になりまして、池袋で行われている「東京よさこい」、それに金賞とか、あと、この間は企業賞かな、いただいたりで、大勢で100人以上の人が参加しまして、私は踊らないで事務局でみんなと楽しくわいわいやっております。よろしくどうぞお願いいたします。（拍手）

島崎　私は、千葉の中央区から参りました丸一土地建物の島崎京子と申します。よろしくお願いいたします。私の会社といいますと、私も不動産業界に入って、かれこれ40年近くなります。創業が昭和27年からやっておりまして、今の社長は私の弟がやっております。父親が創業しましたけれども、両親が私が20代のときに他界いたしまして、それ以降、弟が継ぐまで、私が20代の前半のころから不動産をやっていたわけでございます。不動産業界も本当に日管協のレディス委員会の北澤委員長に負けず長くやっておりますけれども、どうしてこういうふうに長くやってこられたかなといいますと、やはり女性を武器にするというとおかしいですけれども、やっぱり男性社会でございましたので、当時やっぱり千葉はやくざが多いし、結構大変なまちでございますので、そういう中でかわいらしく、本当はかわいらしくはないんですけれども、見かけをかわいらしくして、かき分けて、皆様のために地元密着で頑張ってまいりました。

やはり不動産業界というのは、先ほどから言いますように、もともとは男社会だったと思います。でも、私も北澤委員長ともう20年近くおつき合いさせていただきまして、あるパーティーで第1回目にお会いしたのが20年ぐらい前になりますけれども、北澤委員長を見習いまして私も男勝りに頑張っていきたいと思います。委員長は毎年お会いするごとに美しくなっていくので、若返っていくんですよ。100歳になっても今のままだと思います。ですから、こういう女性を、本当にお仕事も目標にしないといけませんけれども、美しさ、そういうものもやっぱり皆さんで目標にしながらお仕事とともに頑張ってこれからいけたらいいなと思っていますので、これからもよろしくお願いいたします。（拍手）

北澤（見） 皆様こんばんは。北澤商事の北澤見和と申します。私の母が北澤艶子でございますが、娘時代に起業いたしましたので、私はオギャーと生まれたときからというよりは、おなかの中にいるときから母が働く姿を見てまいりました。がむしゃらに仕事に関しては手抜きなしで、結婚していようが子どもがいようが、手抜きなしで働いている姿を見てまいりましたけれども、子育てに関しましては工夫をしながら育ててくれました。

私は学校を出ましてから商社に勤めまして、証券マンと結婚いたしました。その後、証券マンの夫が北澤商事に入りまして20年になります。その直後から、母が日管協に声をかけていただきまして日管協のメンバーになりまして、すぐにレディース委員会という委員会を立ち上げまして、業界で働く女性のために力を尽くしたいということで長年、18年、19年、島崎副委員長とともに今までやっている姿を見てまいりました。

うちの夫が去年、うちの会社が創業60周年のときに社長に就任いたしまして、うちの息子が外で働いていたんですけれども、たまたま今年からうちの会社に戻ってまい

第１回交流会参加者全員

りまして、弊社はうちの夫とうちの息子で、何とか母のつくってくれた会社を今つないでおります。
母を見ていますと、だいたいがむしゃらに働いて、とにかく一生懸命、男の人たちの中で小さな西新井というまちの皆さんとともにその業をやってまいりましたけれども、私が見ているところ、だいたい日管協に入ったあたりから外に目を向けるようになっていったんじゃないかなという気がいたしております。それで業界で働く女性たちに何かしてあげたい、若い人たちに何かつないでみたいという、そういう気持ちが年々増しております。このタイミングでこの塾を皆さんとともに立ち上げてやっていくということで、今まで以上に強い思いがあるようでございます。
私としましては、それをサポートしていきたいと。母の強い思いをうん十年見てまいりましたので、つないでまいりたいという思いでございます。皆様どうぞよろしくお願いいたします。（拍手）
（平成28年11月11日（金）収録）

第2章 ＊ 女性の感性を生かして仕事を続けてきて見えること

信用は無限の財産なり

北澤艶子
きたざわ・つやこ

北澤商事株式会社（東京都足立区)代表取締役会長
地元足立区西新井生まれ。まだ免許が必要のない時代に机と電話1本から不動産業を始めて今年で開業61年目。創業当初から賃貸住宅管理業に取り組んだパイオニア。平成20年、女性初となる業界団体の会長に就任。平成25年、国土交通大臣表彰受賞。
女性のための研修会を全国各地で60回以上開催し、延べ8,000名が参加。働く女性の資質、地位向上を目指し支援ネットワーク作りに情熱を注いでいる。
公益財団法人日本賃貸住宅管理協会元会長、同協会レディース委員会委員長
公益社団法人首都圏不動産公正取引協議会指導調査委員
宅地建物取引士／賃貸住宅経営管理士／不動産アナリスト

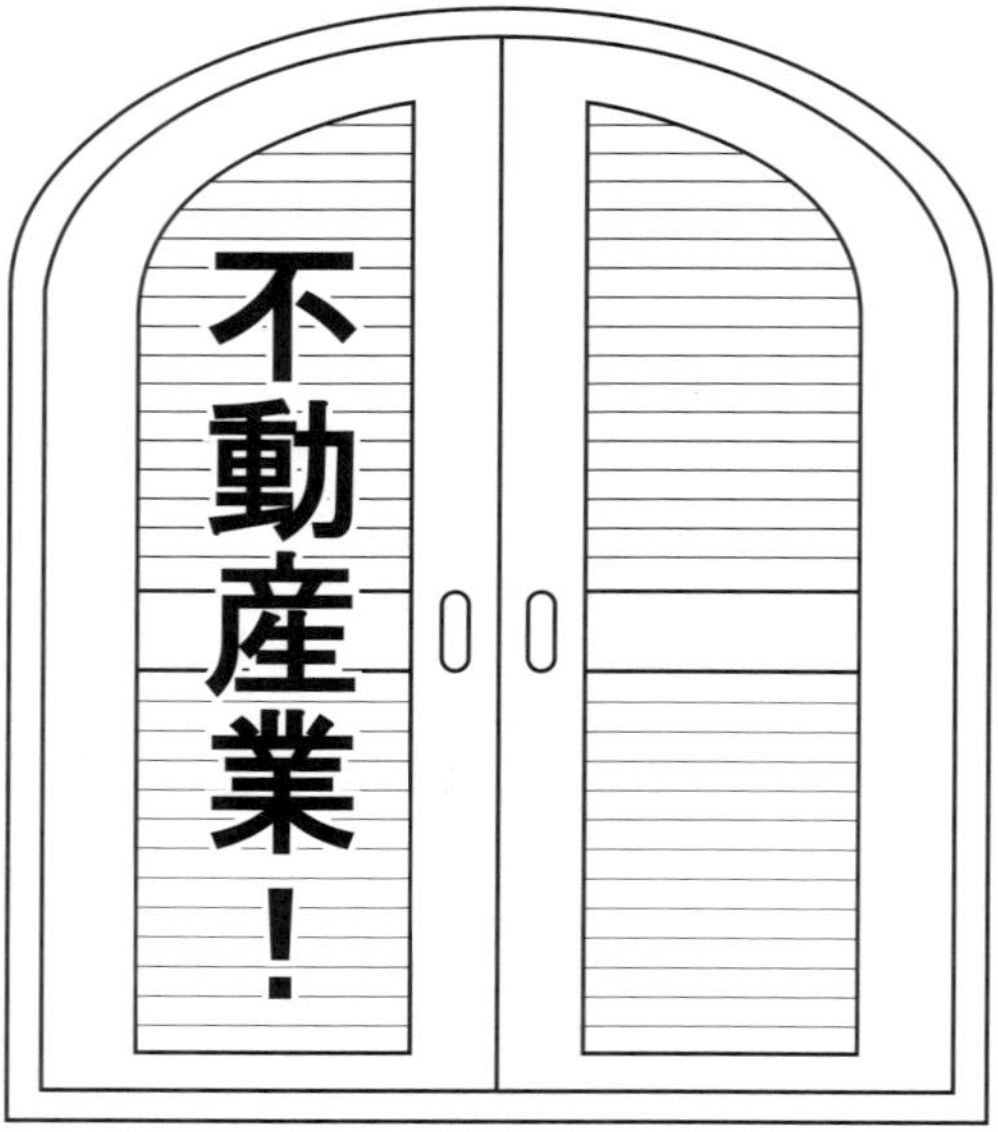

人生第一の扉

20歳を過ぎたばかりの小娘が不動産業を開業したころ

過去があるから現在があるのです。
古い話しから始まりますが、日本の住宅事情の変遷がわかりますので、読んでいただきたいと思います。

日本が、初めて戦争に敗けて10年そこそこしか経っていない昭和31年の春、東京の北のはずれの足立区西新井で、20歳を過ぎたばかりの小娘が不動産業を開業いたしました。

当時は資格制度もなく（昭和33年11月、第1回宅地建物取引員試験実施）、机と電話一本あれば開業できました。しかし、電話が今では想像も付かないほどに高額なので、大変な動産という資産でした。電話局の前には、電話業者が軒を並べて店舗を構えており、入れる時はお金を出せば良いのですが、売却する時には、印鑑証明書を添付しなければ売れません。私は、電話を入れるのに、当時のお金で20万円掛かりました。大卒の初任給が1万5000円の時代ですから、想像がつきます。しかし、私の家は場所が良かったので、それでも安いほうで、場所によっては、電柱を何本も立てなければならないとかの理由で、なかなか電話を引くことが難しい時代でした。

しかし、隣近所の方々とのコミュニケーションが良い時代でしたので、電話が入っているお宅は、近所の方々に〝お呼び出し〟といって、向こう三軒両隣はもちろんのこと、少しくらい遠くても呼びに行って差し上げるのです。そして、隣近所の方も電話が入った家の許可を得て、友人・知人・親戚の方々に、その電話番号を紙に書いて配っているのです。今では小学生でも携帯電話を持っている時代ですので考えられないことだと思います。電話のことを考えただけでも、進歩発展しましたが、失われたこともあることに心が痛みます。

昭和30年7月に日本住宅公団が発足しました。西新井は、東京の中でも田畑の多い地区ですので、いち早く農家の方々が区画整理組合を立ち上げました。そして、公団住宅が第一団地、第二団地、第三団地と次々と建設されていきます。

アパート経営提案から「管理」に

艶ちゃんが不動産屋を始めたからと言って、親の知り合いの農家の方々が事務所に遊びに見えるのです。そして、お互いの情報交換をする〝憩いの場〟となりました。地方に旅行に行き、知り合った方に連絡先として当社の電話番号を教えてくるらしくて、連絡場所となります。

長老で、地元の方々からは〝オッチャン、オッチャン〟と呼ばれている方が、農業は若い者たちに任せて、毎日朝になると当社に来てくださるようになりました。そして、あの家が土地を売りたいらしい等々の情報を伝えてくださり、準社員のようになりました。

そろそろ、農業の他に何か収入源をと考え始めていた方々に、アパートを建てることを提案しました。その時代、住宅難で、自分の家の空いている4畳半や6畳を間貸しに出しても、すぐ決まる時代です。しかし、新しく建てていただくには、何年先で

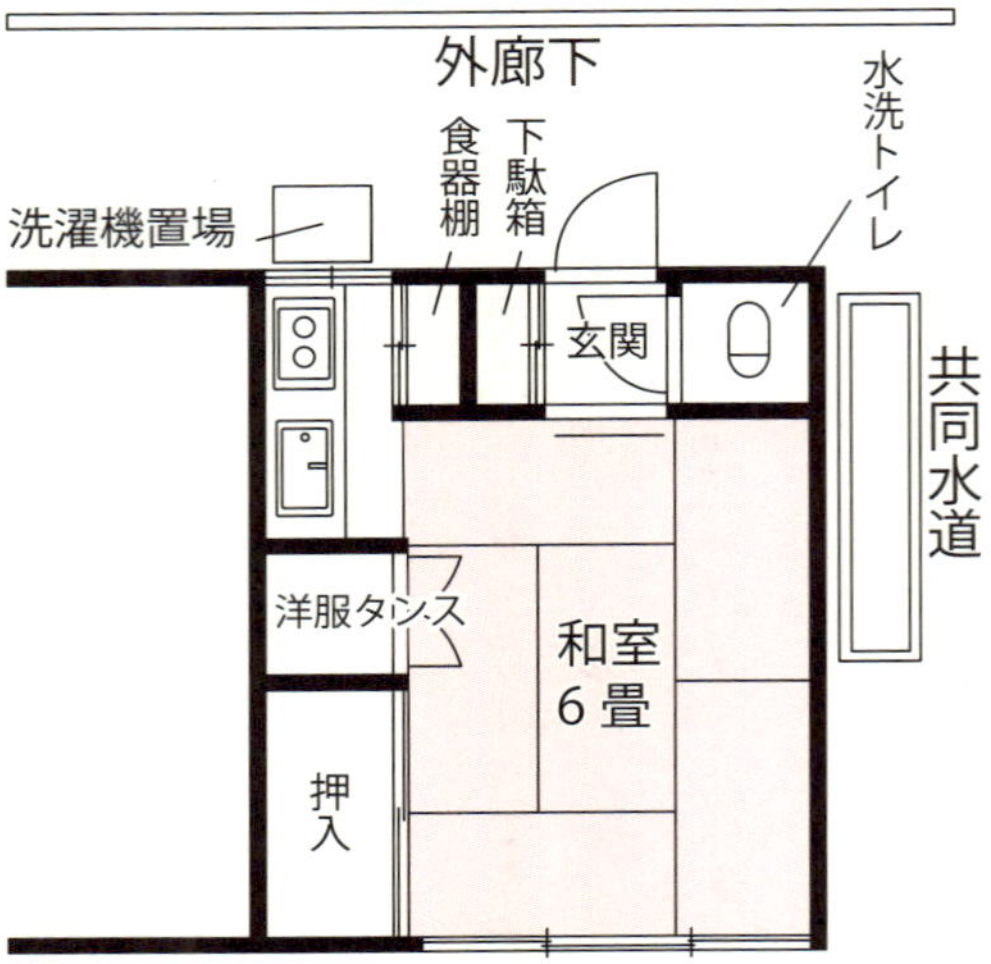

も通用する建物でなくてはなりません。そこで、私が提案したのは、わずか5坪（16・5㎡）の広さの中に、トイレ・台所・押入・洋服ダンス造り付け、その上、玄関ドアは各自です。つまり、外廊下に各戸のドアが付いたアパートです。私のキャッチフレーズは、『貸家式アパート』としました。

当時は、玄関は一緒、トイレは共同というアパートが多かったのです。トイレは浄化槽ですが、水洗です。そして、玄関も各戸です。地主さんは、土地は広いので南向きに建てました。大変な人気で、建築中に全戸予約が入ってしまいました。

その話題はすぐ伝わります。うちも同

じ間取りのアパートを建てたいと言って、見える方が何人も出て、貸主の違う、同じ間取りのアパートが何棟も建ちました。

しかし、本当にこの物件は人気で、木造モルタル２階建てですが、今から何年か前まで通用しておりました。当時、電気・水道は各戸に小メーターを付けておりましたが、東京電力・水道局には、大メーターの料金を家主が支払います。その後、各戸の使用量を検針して、計算を出し、家賃と共に集金するのです。

また、当時は、まだ家主は親も同然、借主は子も同然などという気風が下町の当地には残っておりました。ある家主が、

「今月、『親戚に不幸があったから、家賃をちょっと待ってくれませんか？』とか、諸々のことを言ってくるので、大変だから艶ちゃん、差配してくれないかしら？」

と言ってみえました。「差配」とは管理のことです。私は、自分が提案して建てていただいた物件です。即座に、「良いですよ！」と返事をしました。管理の始まりです！

そこで、私が考えましたのは、今は当たり前のように物件に付いている看板です。

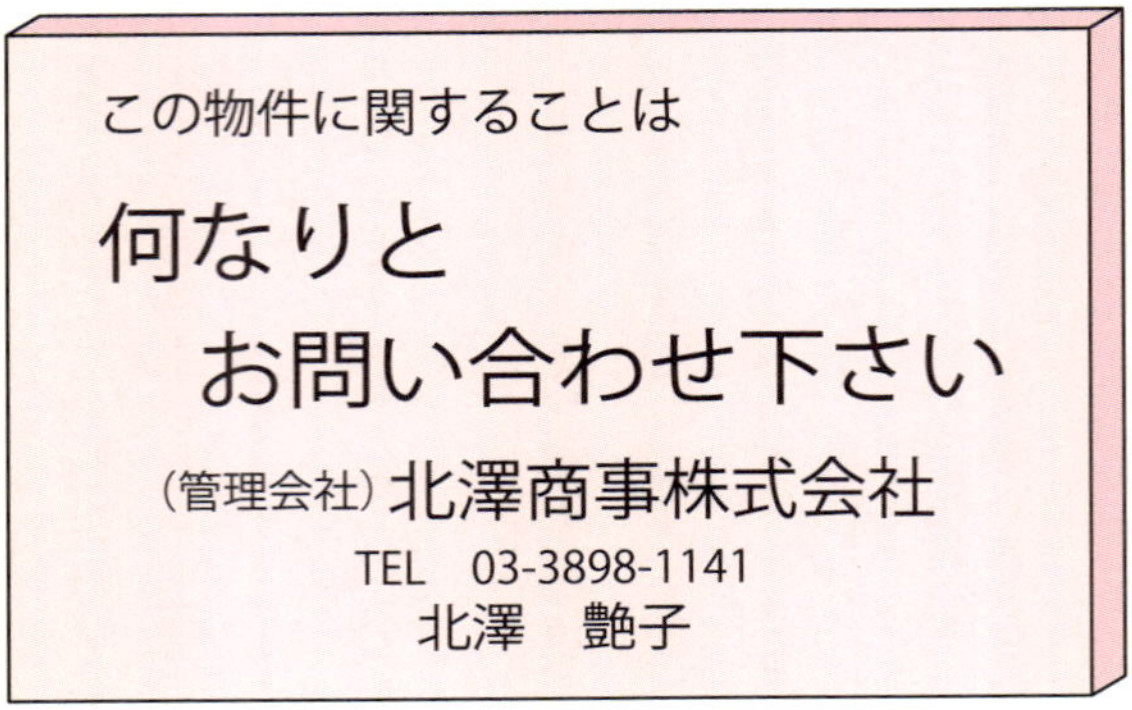
この物件に関することは
何なりと
お問い合わせ下さい
（管理会社）北澤商事株式会社
TEL　03-3898-1141
北澤　艶子

当地としては、私が初めて物件に社名、電話番号、私の名前も書き、『何なりとお問合わせください！』と書いた看板を物件に付けました。

　当時は、電気・ガス・水道も当社でお立替えをして支払い、借主からは、計算して家賃と一緒に頂きました。家主さんには、月末に家賃だけをお届け致します。その際、その家賃から管理手数料（当時から5％でした）を差し引かせていただくのですが、このことを家主さんに納得・了承してもらうことは本当に大変でした。まだ「管理」という言葉もないような時代でしたから、集金した家賃から手数料を引かれるということに関して、

難色を示す家主さんがいらっしゃったのです。私は、そのような家主さん一人一人に対し、

「アパート賃貸業という職業になるので、当社に支払う管理手数料は水道光熱費と同じで経費で落とせる費用ですよ」

と説明し、理解してくださるようにお願いをしておりました。しかし、自分で言うのも何ですが、私は、本当に周りにいる人に恵まれているのです。最初に管理を任せてくださった家主さんが、

「確定申告は北澤さんの明細書を添付するだけで済むので、こんなに煩わしいことはなくて本当に良い！」

と、周りの方々に宣伝してくださったのです！そのお陰もあって、家主さんが管理手数料の導入に関し理解を示して下さるようになり、以後、管理物件が増えて参りました。ちなみに、この最初に宣伝してくださった家主さんとは、その後も親戚同様のお付き合いをさせていただき、今は、その子どもたちともお付き合いがあります。

バブル期でも仲介業・管理業を貫く

昭和30年7月、日本住宅公団が発足し、東京都内では、田・畑の多い当西新井地区には、いち早く公社の方から買収の話しが持ち込まれ、都内では、早い段階で、土地区画整理組合が立ち上がりました。

当時の公団住宅に当選するのは、宝くじに当たるより大変だ！と言われておりました。都営住宅は収入がいくら以下の方でないと申込資格がないのですが、反対に、公団住宅は、収入がいくら以上の方でないと申込資格がないのです。

西新井地区には公団住宅として第一団地、第二団地、第三団地と建設されていきました。地主さんたちは、土地を売却し、お金が入り、その資金でアパート・賃貸マンションを建てました。そして、だんだんとグレードがアップした物件が増えてきました。

何年か前には、ご自分の家の3畳・4畳半・6畳でも貸しに出し、即決まった時代が嘘のような進歩・発展状態です。

バブルが到来しました。都心だけでなく、当地でも、土地が二転、三転しても売れるのです。ありがたいことに、売却したい地主さんはまず当社を信頼し、依頼してくださいました。ですから、バブル当時の当社のお客様は物件の欲しい同業者の方々でした。私は、創業当初から法で定められた手数料以外は頂かない仲介専門を貫いております。同業者の方からは、「なぜ、こんな良い物件を自分のところで買わないの？」と、必ず言われました。私は、「仲介手数料だけを頂けば良いのです！」と答え、買い取りも、建売りも一切行いませんでした。売買仲介・賃貸仲介・管理の３本立ての営業方針は一貫して変わっておりません。

当時から、私は管理業と、賃貸仲介にも力を入れておりました。お客様を紹介してくださった業者の方に、「契約になりましたので、領収書を持って手数料を取りに来てください」とお願いして取りに来ていただきました。その際、業者の方から、「よくそんな細かい仕事ができるね！」と言われたものです。

バブル全盛期、不動産はいくらでも売れた時代です。その際、不動産会社に入る仲介手数料の額は、西新井あたりでも１０００万円を超えるようなこともあったなか、

私の誕生日を祝ってくれた社員と

賃貸物件の仲介による手数料は3～4万円です。確かに、『細かい仕事』です。他にも当時、不動産会社で働く社員は、歩合制がほとんどで、月に何百万円も稼いでいるというのも珍しくない時代です。しかし、当社の社員は、月給・ボーナス制で、社会保険を完備しておりました。

私は、もちろん、**顧客満足**も大切ですが、それ以上に**社員に満足**してもらうことが大切であると考えております。歩合制に比較すれば、確かに多くは稼げないかもしれませんが、その代わり、毎月の収入が保証されることにより、家庭および生活が安定します。長い目で見れば、安定こそが社員の満足につながると確信しており、そのためには、『細かい仕事』こそが大切であると考えていました。ですので、いくら周りの方から勧められても買い取りとか建売りとかに大きく舵を切ることなく、自分の信念に従って、**売買仲介**、**賃貸仲介**および**管理業務**を大切にしてきたのです。

バブル後も安定した経営

その後はご存知のとおり、バブルは泡となって弾けました。バブル崩壊後は、見向きもされなかった管理業に、「安定していて良い！」と、不動産業者だけでなく、建売業界までもが参入して参りました。特に建設業界は、建てなければ仕事にならないので、どんどん建てさせ、家賃保証の名のもとに管理業も始めました。

バブル最盛期に、銀行および建設業者のすすめでマンションを建てた古いお付き合いの地主さんが、バブル崩壊後に、銀行からの返済の厳しさに耐えられず、家屋敷は残りましたが、マンションおよびその他の物件を売却して返済しました。その間は、銀行関係の主導で動いておりましたので、古いお付き合いの当社とは縁を切っておりました。その後、当社を訪れ、私に「申し訳なかった！」と泣かれてしまいました。

そして、その後は、また深いお付き合いが復活しております。

戦後日本の住宅難時代を支えてくださった地主・農家の方々が、今や、空室問題で苦しんでおります。**未来の価値の変化を見極める**。そして、それを目指し歩んでいく、切り開いていくのが経営者だと思います。経営者は大小の差はあれ、皆、船頭だと思います。その進路の矛先《ほこさき》を間違えてはいけないのです。全体の責任があるのです。運命が掛かっているのです。

私は、60年前に船出した小さな舟、小舟の船頭です。その小舟が大海に出て、時には嵐があっても大破することなく乗り切ってこられていることは、周りの方々の支えがあり、そのご恩のお陰以外の何ものでもありません。

第一に、両親のお陰です。仕事に対して、海のものとも、山のものともわからない小娘が始めた仕事を支えてくださったのは、両親を信頼し、その娘だから・・・・・というだけで、私を信用してくださった方々です。私は、何の資本も掛けませんでした。資本といえば電話だけです。そして、両親を信頼してくださった方々を裏切れない！小さくても良い！地道に堅く、永く続けていきたい！信用される業者になりたい！その思いだけで、歩んで参りました。

バブル最盛期でも、同業者を羨むことなく、細かいことでもやらせていただいたお陰で、管理業が確立し、安定した経営ができてきたのです。

私は、女性特有の安定志向だったのだと思います。つまり、農耕型です。男性は、持って生まれた狩猟型ですので、戦って、戦って、勝ち得ていくのが、男性だと思います。それぞれの家庭があるように、それぞれの会社があるのは当然です。私は、信頼はお金では買えない。『信用は無限の財産！』だと思います。信用という自分では計り知れない、築きにくい、壊れやすい、お金で買えない**『信頼・信用』**を保つことに、これからも全力で取り組んで参りたいと思っております。

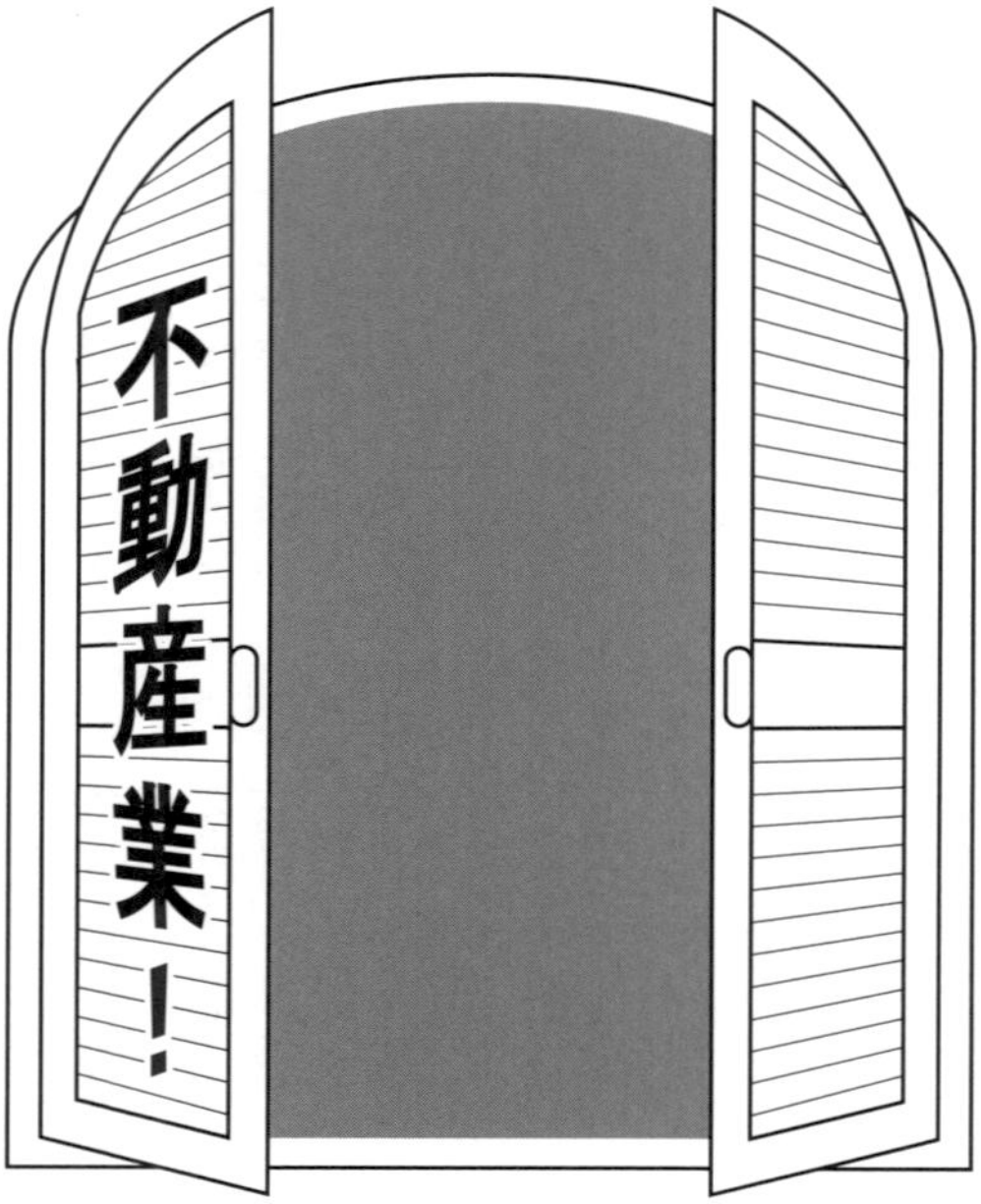

人生第二の扉

日管協の件

私は、9年前、公益財団法人日本賃貸住宅管理協会の会長になりました。当協会には、一部上場企業を始め、全国の大企業の社長が多くおられました中で、街の小さな不動産屋、しかも女性の私に会長という大役を指名して下さったのです。私は、その時、『日管協は凄い協会！ 凄い方々の集団だ！』と思いました。お陰様で、私はなお一層、多くの素晴らしい方々と交流ができ、縁が広がり、さらにこの業界が好きになり、人生の目標・目的が明確になりました。新卒の女子学生が、入社を一番に希望するような業界になるのが、私たちの目標・目的です。

「住」に関する仕事は女性が向いている

平成28年11月に日米女性ビジネスネットワーク協会が設立され、水道橋のスマイルホールでWBN第1回日米カンファレンスがあり、私は、パネラーとして招かれまし

沖縄のレディス委員会の人たちと（ハワイ）

た。アメリカの不動産業界で働く女性の方々と接し、改めて学ぶことがたくさんありました。ちょうど、沖縄のレディス委員会の方々よりハワイの不動産業界を視察したいとの相談を受けておりましたので、お話しを致しましたところ、快く受けてくださいました。平成29年1月20日（金）から4泊6日の企画を協会の方が計画してくださり、沖縄から10名の方が参加されました。私も同じ日にハワイに参り、レセプションパーティーに参加致しました。会場はハワイで長年不動産業をされておられる女性の方のご自宅でした。高台にある高級住宅街のひときわ素晴らしいお宅でのパーティーでした。

世界不動産連盟アメリカ支部の人たちと（ハワイ）

左にダイヤモンドヘッドを眺め、右には今までに見たことがないほどの素晴らしいサンセットで、とても感動致しました。

アメリカからは世界不動産連盟（通称ＦＩＡＢＣＩ）アメリカ支部の２０１７年度の会長さんがちょうどホノルルに別件でみえており、私たちのパーティーにも出席してくださいました。女性の会長さんでした。親しくお話しをさせていただきましたが、素晴らしい方で、非常に勉強になりました。

そして、レディス委員長を20年間務めさせていただいており、毎年、世界中の住宅視察・研修に行って参りました。ヨーロッパ・アメリカ・東南アジア等々を見学して、私は、『日本はアメリカの後を追っている。アメリカを勉強しなければ！』と感じました。アメリカは広いので、今までに何ヶ所も視察・研修致しました。女性の活躍、社会的な信用度の高さに、『凄い！』と思いました。この業界、【住】に関する仕事は女性に向いている・適している！　女性の視点が活かされる！　と、さらに実感致しました。

人生第三の扉

「不動産女性塾」を立ち上げる

私は、平成28年11月に「不動産女性塾」を立ち上げました。と申しますのも、第一に、60年以上続けさせていただいているこの不動産業界に、少しでも恩返しがしたいとの思いがあったからです。この業界のお陰で、こんなに幸せをいただいたのです。こんなに多くの素晴らしい方々と知り合えたのです。

第二に、素晴らしい職業を次世代の女性に引き継ぎたいと思いました。そして、女性に結婚して欲しい！　子どもを産んでほしい！　子どもを育てながらでも（資格を取得すれば）、自分自身にその気があるか？　ないか？　だけで、一生続けられる素晴らしい仕事なのです。

第三に、この不動産業界のイメージアップを図りたいのです。女性は堅実で、真面目で、働き者です。この業界で働く女性が増えれば、イメージアップに必ずなると思います。そして、女性が輝きながら、生き生きと働き続けられる業界を目指したいのです。

人それぞれ目標を定め、生き方・歩み方は別ですが、私は、歩みは遅くとも、一歩一歩、着実に目標に向かって歩いていきたいのです。長く続けることに意義があると思っております。それには、先を見極めなければならない！これから先、どんな進歩・発展・変化があるのかわかりません。だから、私は終生現役で、学びながら生きる『学生』でいたいのです。

何事も良いこと、悪いことがあるのは当たり前です。しかし、私は悪いこともすべて善意に解釈し、明るいほうに目を向けて進みたいのです。

私は、太陽が大好きです！

太陽も、時には雲に覆われます。しかし、また輝きます！

何の知識もなかった小娘が始めた不動産業で多くの幸せ、多くの素晴らしい方々に巡り会い、多くの知識をいただきました。

教育と教養は別で、両方とも必要ですが、教養は自分自身で養い、身に付けることができることも学びました。

私のこれからの人生は、明るく、希望に満ちた女性が、輝いて、楽しみながら働き続けられる不動産業界の構築を目指します。女性の力が発揮できる！次世代の女性

私の大好きな太陽です！

が育つ！ ネットワークを取り入れる！ 人と人とアメリカとの繋がりもできる！

私にとって、何より大切なことは、お金で買えない、『信頼関係・信用』だと思います。

そして、『ピン・シャン・リン』として生きたいのです。『ピン』とは、ピンからキリまでの『ピン（最上等）』で、『シャン』は、戦前の学生用語で（美しい）、『リン』とは、凛として輝くの『凛』です。

私は、一生、**学**んで**生**きる**学生**でいたい。そして、学んだことは実行したいのです。

平成 22 年 2 月 22 日、薬師寺の大谷徹奘様からいただいたサイン

しかし、信用・信頼は、お金で買えない大切なもの、そして、壊れやすいものです。これからも気を緩めることなく、終生現役で業に励みます。お陰様で、私には**教育**と**教養**があります。とは言っても【義務教育】の**教育**、【教養があるない】の**教養**のことではなく、現在も毎日**今日行く**ところと**今日用**がある、の**きょういく・きょうよう**です。本当に幸せです。これが私の元気の源だと思います。

何も知らずに始めた職業が私の【天性の職】と思える不動産業に巡り会えた幸せに、**感謝**し、**ご縁**を頂いた素晴らしい方々との絆の強さ、**運**の良さに感謝し、これからも良いご縁を広げていきたいと思っております。

私が、東京法人会女性部会の会長をしておりました時に薬師寺副執事長の大谷徹奘様に講演して頂いた時の写真ですが、平成22年2月22日、よっぽどのご縁ですね！

とサインをしてくださいました。

私の座右の銘は、

『信用は無限の財産なり』です。

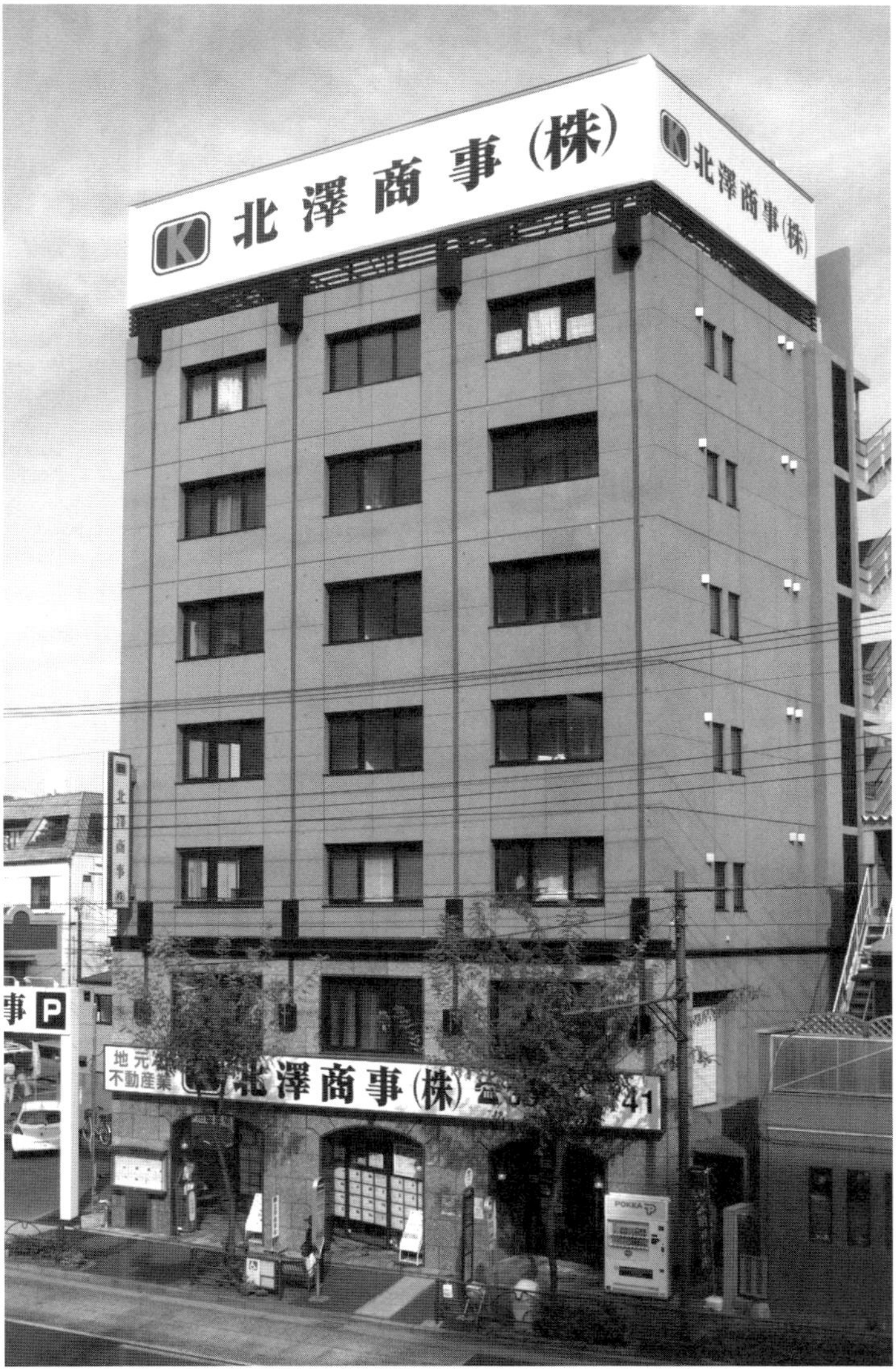
北澤商事(株)
北澤商事(株)
不動産業
北澤商事(株)
POKKA

本社屋全景

地域になくてはならない会社を目指して！

武藤正子

むとう・まさこ

株式会社すまいる情報光が丘　代表取締役
東京都板橋区

東京都立竹早高等学校卒　丸善石油東京本社入社。勤務する傍ら東京スペイン語学院、立教大学でスペイン語を勉学
昭和55年（株）日本住宅情報センター（現社名すまいる情報）入社、高島平営業所を経て昭和63年光が丘営業所所長。平成7年に分社独立し株式会社すまいる情報光が丘設立。現在に至る。
宅地建物取引士、行政書士、ファイナンシャルプランナー、公認不動産コンサルティングマスター
ラテン音楽、アルゼンチンタンゴの歌、旅行
努力は必ず実る。
住宅をお引き渡しした時から本当のサービスが始まるをモットーに、ご縁のあったお客様とは一生のお付き合い。

株式会社すまいる情報光が丘
〒179-0073　東京都練馬区田柄5-6-17
TEL 03-3825-6411　FAX 03-3825-6802
http://www.smilehikari.com/

東京都宅地建物取引業協会会員、東京商工会議所会員、日本ファイナンシャルプランナーズ協会会員、日本マンション学会会員。
平成14年全国商工会議所女性連合会主催、第一回女性起業家大賞・特別賞受賞。

家へのあこがれは子どものころから

目を閉じると子どものころの原風景がよみがえります。きまって青い空に白い雲。何の樹だかわからないけれど、緑の樹木にそよぐ風。赤茶けたトタン屋根の長屋の裏側は広い原っぱでした。台風が来ると、バタンバタンと鳴るトタン屋根がめくれる音が怖くて、近所の幼なじみの家に避難しました。そしてそのころ、よく見る夢は小さな平屋が突然ニョキニョキと大きな2階家になる夢でした。

小学校の5~6年のころでしょうか。当時の住まいが借家だとわかり、同じ小学校に通う近所に住む大家の息子とすれ違ったとき、この子が大家の子かと意識した記憶があります。家というものに対して強い思い入れがあったのでしょう。5歳上の姉は家についてはまったくむとんちゃくでした。「私の家はすきま風」などと、むしろ楽しんでおりました。

中学校に入ると、夜遅くに父と母が家を買う算段をしていました。勤めていた電電公社からの融資や頭金の話などをしていました。私は寝ていたのを飛び起きて、思わず「2階家がいい」と叫びました。すかさず「子どもはだまってろ！」と父に一喝されました。でも父は、「学校の成績がクラスで一番になったら家を買ってやる」と言ってくれました。私はその言葉を信じ一生懸命に勉強して中学2年生の時クラスで一番どころか、全校女子の一番になりました。父はあわてて、小さいながらも2階建の建売住宅を約束どおり購入してくれました。子どもながら勉強机が置ける部屋ができ、とってもうれしかった思い出が忘れられません。

家を買うということは、子どもにとっても幸福なのだという強い思いが、巡り会った「不動産」という仕事に携わる上での信念となっています。父は父でそのころ、結核の病気で1年ほど療養していました。背中にL字型に切った大きな手術痕があり、それをお風呂屋さんで見られるのがいやだったことが、内風呂のある一戸建を買う動機となったようでした。この経験は、〝人は何のために家を買うのか〟という深層心理をつかむ上で役に立っています。

住民の手による光が丘のイベント風景

娘2人を乗せて自転車で駆け巡る

結婚してほどなく、将来山小屋を建てたいと思い、山梨の清里高原の土地120坪ほどを知人の紹介で購入しました。確かな土地ではありましたが、その時不動産というものに興味を持ち、山梨の登記所に調べに行ったりしました。それ以来面白くなり、下の娘が1歳のころ、私は通信教育で宅地建物取引主任者（現、宅地建物取引士）の資格に挑戦し、運良く1回で合格しました。

翌年2歳になったばかりの娘の手を引いて、近くにあった日本住宅情報センター（現社名すまいる情報）の高島平営業所の門を叩いたのです。そこが、どのような物件を扱っている不動産会社なのかまったく知らず無謀でしたが、「お子さんを保育園に入れたらいらっしゃい」と言ってくれたのです。そこは公団公社の中古分譲団地を扱う地域の専門店でした。

何とか2人の娘を私立保育園と、3駅も離れた無認可の託児所に預け、自転車を走らせ準社員として働きました。そのころは、まだ宅建の資格を持っている女性が少なく、また、高島平団地に特化している不動産会社でしたので、女性が活躍できる土壌がありました。37年前に女性を重用している特筆ある不動産会社は当時としては珍しかったと思います。

入社して間もなく、中古の高島平団地の空室を多少リフォームして、モデルルームとして公開販売しました。ベランダに鉢植え、室内に小物などを置いて見せ方を工夫しました。今ではあちこちの会社でオープンハウスやオープンルームが定番となっていますが、中古住宅販売では、当時の先端を走っていたのではないかと自負しています。

地域ミニコミ紙「週刊すまいる情報」発行

昭和57年、創業者がアメリカのロサンゼルスに視察に行きました。現地で活躍している不動産エージェントは女性が多く、そのエリア内でミニコミ紙を配布していたのを見て、創業者は「ベビーシッター知りませんか？」「落し物を探しています」「家具をお譲りします」など、販売住宅のみならず、地域情報満載の紙面に注目しました。帰国してすぐ各店で採用。不動産の単なる広告だけでなく、地域に役立つ情報版としての捨てられないチラシを目指して、多摩ニュータウン、高島平団地で発行を始めました。昭和58年1月のことです。

第1号を発行するのはとても大変でした。まず地域のニュースや「お譲りします」「探しています」「お仲間募集」の記事を集めなければなりませんでした。記事は無料とはいえ、毎週のようにそう簡単には集まりません。自分たちで「お譲りします」とか、近くのサークルへ出かけて「お仲間募集」しませんか、などと言って回った思い出があります。幸い仲介でお世話したお客様が何組もおり、そのつてなどで徐々に原

23区最大のスケールを誇る12,000戸の団地、光が丘パークタウン

稿が集まってきました。単なる伝え手だけのニュースでなく、「探しています」や「お譲りします」などの記事に対して、たとえば「インコが見つかりました」「お譲りできました」「ありがとうございました」などの返答のある記事で、双方向のコミュニケーションを目指したのが奏功しました。ヒューマンチックな温かみのあるミニコミ紙として定着していきました。やはり石の上にも3年です。

光が丘営業所長として開設赴任

そのころ、いっぱしの営業ウーマンとしてお客様へ打ち合わせの連絡などで、夜分に電話をかけることも多々ありました。子どもたちの声が聞こえないように「あっちへ行ってて！」などと追い払ったりして、可哀そうなことをしたなと、今更ながらに思います。そんなバリバリの営業として働いていたころ、行政書士やファイナンシャルプランナー、不動産コンサルティング技能登録（現、公認不動産コンサルティングマスター）など、いろいろな資格も取得しました。そしてほどなく、光が丘団地の建設が始まりました。

営業職としては8年。転機がやってきました。光が丘営業所開設にあたり、所長としての準備がスタートしました。ようやく8団地が完成。まだまだ建設途上でしたが、まずは事務所探しが先でした。周辺にはビルもないなかで、トンカンと音を立てて工事中の小さな2階建が1つありました。1階はすでに持ち帰りピザ屋が決まっているとのことで、2階を何とか借りられないかと交渉しました。大家さんはあちこち貸家を持っていて、経験上、女が店を借りるのはブティックかスナックしかないという頭の持ち主の方でした。「不動産それも光が丘の団地専門の不動産会社です」と何とか説得して、しぶしぶながら貸してもらえました。

そのときの何気ない大家さんのひと言、「あんたの会社20年も続いている不動産会社なのにビルの一つもないのかい？」が、「よし！　いまに自社ビルを建てるぞ！」と奮起する源となりました。昭和63年春に光が丘営業所をオープンさせました。光が丘の地域ミニコミ紙「週刊すまいる情報」は、新しい地域ということもあり、悪戦苦闘しながらも、その6月に第1号が誕生しました。スタッフも少ないなか、毎週発行を続け懸命に仕事に取り組む姿に「あんたも大変だね」と強い味方になってくれました。わずか4年でそこを出て自社ビルに移りましたが、30年間、今でも当時の大家さんと交流は続いています。

ナンバー2では意味がない。娘の言葉に励まされ

ある人物が「ナンバー2ではいけないんですか？」と言っていたことがあります。しかし、私はナンバーワンを目指さないと本当にいいものは生まれないと思っています。奇しくも私は1番に縁があるようで、家も1号棟の1階の1号室。おまけに家屋番号まで1番。これには自然と笑ってしまいます。

営業所長となって間もないころ、母の日に小学校5年生になった下の娘から手紙を

もらいました。その中には「ママ、光が丘のナンバーワンになってね。私も大学卒業したらママの会社に入るから」。そして、最後にはこう書いてありました。「光が丘の住民皆喜ぶ」と。小学生の文とも思えぬこの文言が、私が仕事をする上でのすべての原点となって、今日まで続いています。この言葉はまさに企業理念と同じなのです。

これがあるからこそ、良いときも、悪いときも、いろいろあっても、光が丘の人が喜ぶことをしようといつも平静でいられます。その後、約束どおり、上の娘も下の娘も学生時代に宅建の資格を取り、私の会社に勤めています。もはや家業と勘念したのでしょうか。私も自分の心に誓ったとおり、自社ビルを建てるよう創業者へ進言し、実行しました。

平成7年、営業所のまま、そっくり分社独立して社長に

営業所長になって8年、これもまた同じく8年です。最大の転機が訪れます。社からの独立です。退職して他の地で独立していった先輩、同僚などはおりましたが、営業所そのもので独立分社を認めてもらうのは私が第1号でした。いわゆる暖簾（のれ

勤続 20 年以上のスタッフが多く、お客様とは一生のお付き合い

ん）分けです。

ちょうどその前年、グループ会社の根幹となる企業理念の制定がありました。これは2年間ゆっくりかけて、全営業所から企業理念制定委員会を立ち上げ、全社的に泊りがけの研修をしたりして「何のために働くのか」「どういう会社にしたいか」など皆で出し合ってじっくりと醸成していきました。こういった研修などには、ずい分とお金も時間もかける会社でした。

この企業理念を実践するにふさわしい人物ということで、分社第1号を託されたのです。営業所、社屋、スタッフ、すべて今までと一緒ですので、自分の会社となっても営業所長としてスタートしたときに比べ、心細くはありませんでした。ただ一つ違う点は、全責任を自分で持ち、そして会社を存続させていくということです。

ネバー・ビー・ハングリー・アゲイン

会社を存続させるということについて、エピソードを一つご紹介しましょう。昔観た映画に「風と共に去りぬ」という名画があります。第1部の終わりに主人公のスカーレット・オハラが焼け野原になったタラの町に立ち、か細い人参をかじりながら「ネバー・ビー・ハングリー・アゲイン」と言います。二度と家族を飢えさせはしないと心に誓う場面です。会社を存続させる言葉として、私はこの台詞（せりふ）をモットーにしてきました。何年か経ち、経営も順調になって、少し余裕のある状況となっていたころ、再び「風と共に去りぬ」を観る機会がありました。そのときの私は第2部のエンディングで主人公が「トゥモロー・イズ・アナザーデイ」（明日はまた違う日がある。明日は明日の風が吹く）というシーンが好きになり、心を打たれました。ところが、この言葉を胸に刻み出したところ、少しずつ売上げが落ちてきたので

地域ミニコミ紙「週刊すまいる情報」は1200号近くになりました。

す。

私はやっぱりスタートした原点に戻り、「ネバー・ビー・ハングリー・アゲイン」がふさわしいと思いました。これが何と言ってもガッツが出るのです。不思議ですが、再び売上げも戻り、安定してきたのです。経営者たるもの心の持ちようがすべてだと確信しました。

継続は力なり。コミュニティの旗振り役として

毎週のように発行してきた地域ミニコミ紙、週刊すまいる情報も今では１２００号近くになりました。分社独立して間もないころ、週刊すまいる情報の特別版をお正月

10年以上続いている薬師寺講話会。松久保伽秀師をお招きして

元旦に2人の娘が分譲団地全域に配布してくれました。31日の除夜の鐘が鳴ると、寒い夜中に出動してくれました。元旦に届く年賀状といっしょに集合ポストから手に取ってもらうためです。インパクトがあります。早朝配布が終わり、かじかんだ手をこすりながら帰ってくる娘たちに感謝を込めてお雑煮をつくりました。これが5年間続きました。

週刊すまいる情報はホームページなどを充実させたため、何年か前から隔週にしました。手前味噌ながら29年間出し続けている大いなるマンネリです。しかし、継続は力なりです。出し続けることに、地域の皆様は心意気を感じてくださっているようです。ネットやスマートフォンの時代になっていますが、紙媒体を手に取られる方たちも依然として多いのです。それは地域の必要な情報が載っているからです。単に不動産の広告ならば、即ゴミ箱行きです。

それゆえ、いろいろな問い合わせがあります。「ベビーシッター知りませんか？」「落し物をしたのですが」「我が家のインコを探してください」などなど、不動産会社とは思えない社内の雰囲気です。また、月に1度のペースで社の3階の会議室を使って仕事柄、「相続、登記相談会」などはもとより、「手芸セミナー」「美文字」「薬師寺講話会」「旅のスペイン語講座」「バードウォッチング」「カラーコーディネート教室」など、さまざまな講習会を開催しています。「有料老人ホームの見学会」もしかりです。講師は主に光が丘に住むお客様や、その紹介による先生たちです。ブリッジ教室などは、そのまま受講者が毎月継続して、もう8年ほどになっています。参加することが頭の体操になっているとのことで楽しく開催しています。

私もできる限り参加して地域の皆様と和気あいあい楽しんでおります。そしてお祭りやイベントなどにも積極的に出向き、交流を深めています。このようなイベントの宣伝やインフォメーションも私どものミニコミ紙に無料で掲載しているので、その伝

趣味で始めたアルゼンチンタンゴの歌のパーティコンサートも５回目に

達力は大きいようです。コミュニティ作りに力を入れられるのも、本来の不動産仲介の仕事を任せられる良いスタッフたちが頑張ってくれているおかげと思っています。

不動産業こそ我が天職

こういったことを地道にやり続けておりますが、大変と思ったことは一度もありません。人と会うことがとても好きですから、この仕事を楽しく天職と思ってやっています。ときどき不動産会社を忘れて、「私は何屋さん？」と思うことすらあります。人それぞれで、仕事とプライベートをはっきり分けている人がいますが、私は公私ともに24時間コンビニエンス営業です。いつも自然体でいて苦にならないのは、不動産仲介業はサービス業の中でも問題解決業としてとらえているからです。

おかげさまでお世話したお客様やご紹介による仲介で、光が丘パークタウンの団地だけで１０９０件を超える売買仲介件数となりました。このお客様たちで「すまいる倶楽部」を形成して20年が過ぎました。本当にありがたいことだと思っております。特段に自慢できることはありませんが、独立以来、無借金経営を貫いていること、そして20年以上勤務しているスタッフが多く、変わらぬメンバーで地域の人たちから信頼を得ていることに、日々感謝しています。「住宅をお引渡しした時から本当のサービスが始まる」を合言葉に、これからも健康で、仕事、会合、趣味、旅行、ばあば、と一人５役で頑張っていこうと思っております。

女性の発想力で仕事を創る

曽根恵子
そね・けいこ

株式会社夢相続　代表取締役　相続コーディネート実務士

【相続コーディネート実務士】の創始者として1万3,000件の相続相談に対処。夢相続を運営し、感情面、経済面に配慮した“オーダーメード相続”を提案。“相続プラン”によって「家族の絆が深まる相続の実現」をサポートしている。(株)夢相続、(株)フソウアルファ、(株)グローバル・アイ　代表取締役

公認不動産コンサルティングマスター相続対策専門士・不動産有効活用専門士

【経歴】(株)PHP研究所勤務後、昭和62年不動産会社設立、相続コーディネート業務を開始。相続相談に対処するため、平成12年NPO法人設立、内閣府認証を取得。平成13年に相続コーディネートを業務とする法人を設立、平成15年に東京中央区八重洲に移転し、平成20年に社名を【(株)夢相続】に変更。

【書籍】著書・監修44冊、累計34万部

「相続税は生前の不動産対策で減らせ!」「相続はふつうの家庭が一番もめる」(PHP研究所)、「相続税を減らす生前の不動産対策」「相続発生後でも間に合う完全節税マニュアル」(幻冬舎)、「相続に困ったら最初に読む本」(ダイヤモンド社)、「いちばんわかりやすい相続・贈与の本」(成美堂出版)など

【メディア出演、マスコミ取材実績】TV・ラジオ出演78回、新聞・雑誌取材350回超

TV:NHK「あさイチ」「ゆうどきネットワーク」「新トーキョー人の選択」、TBS「ビビット」「Nスタ」、フジ「とくダネ!」「ノンストップ!」テレビ朝日「モーニングショー」、日本テレビあのニュースで「得する人損する人」

新聞・雑誌:「日経」「MJ」「読売」「朝日」雑誌「日経マネー」「日経トレンディ」「日経ヴェリタス」「エコノミスト」「プレジデント」「週刊朝日」「ダイヤモンドZAI」「女性セブン」「週刊現代」「ゆうゆう」「サンデー毎日」「ハルメク」など

【セミナー】講師実績　400回

三井不動産、長谷工、三菱地所、旭化成、東建コーポレーション、全宅、全日宅建協会、不動産コンサルティング協議会、商工会、道経会、品川シルバー大学など

【会社所在地】

株式会社夢相続・株式会社フソウアルファ

〒103-0028　東京都中央区八重洲1-8-17新槇町ビル5階

TEL03-5255-3388　FAX03-5255-8388

URL　http://www.yume-souzoku.co.jp

一生懸命に取り組むことで評価や信頼を得られる

　私が最初に就職したのは、京都にあるＰＨＰ研究所という出版社で、松下幸之助さんの会社です。世界の松下電器（現パナソニック）をつくられた「経営の神様」といわれた松下幸之助さんがご健在のころで、社員全員でお迎えするときに何度かお会いしています。社会人としてスタートしたときに「経営の神様」にお会いできたことは得難い経験となり、大きな支えとなりました。社風も大らかで、新入社員の提案でも取り上げていただき、達成感がありました。退職時の寄せ書きに「一生懸命というのはあなたのためにある言葉ですね」と社長からメッセージをいただくことができ、ずっと励みとしてきました。

　当時は女性が仕事を続ける時代ではなく、親の勧めで結婚退職をして、京都から千葉に嫁ぎました。義父が中小企業診断士をしていたことから、書類の清書などを手伝いながら、勧められて日商簿記２級、全商１級簿記や宅地建物取引主任者（現、宅地建物取引士）の資格を取得しました。

私の資格を使って義父が不動産の事業を始めましたが、無理な土地購入により資金繰りが悪化。見かねて私も会社員時代の自分の貯金を出して援助しましたが、結局、手形が落とせず、義父の会社は倒産し、出した資金も戻ってはきませんでした。義父母と離れて生活を立て直すことを余儀なくされ、宅建の資格を活かそうと考えました。幸い、仕事を探し始めた日に、新聞広告で最初に見つけた不動産会社に就職することができたのです。

会社の近くに転居して就職し、すぐに子どもに恵まれ、28歳で長女を出産しました。仕事を継続するために義父母を呼び寄せて同居を再開し、翌年、年子となる長男を29歳で出産しました。在籍した3年半の間に2人の子どもを出産したわけで、産前、産後に休暇をいただきました。理解を得るには、普段から一生懸命に仕事をすることで信頼していただき、会社に貢献する姿勢が必要です。権利主張よりも義務を果たしてこそ権利も認められると考えて、私は専任の資格者の仕事だけでなく、パソコンや会計ソフトの導入なども提案して業務改善をし、積極的にいろいろな提案をして会社に貢献するように心がけてきましたが、そうしたことが社長や上司から信頼を得られて、自分が働きやすい環境を作れるのだと思います。

実は、22歳で結婚したものの24歳で離婚。25歳で再婚、義父の会社の倒産、転居、就職、出産といろいろなことを経験した激動の20代だったといえます。

ゼロから起業、男性社会に風穴を開けたいと痛感

昭和62年1月23日、30歳のときに㈱扶相（現、フソウアルファ）を設立し、独立しました。前職を退職したのは、当時、実父が市会議員をしており、2期目の選挙の手伝いが必要となり、会社からは引き止められましたが、そのタイミングで退職する道を選択しました。

しかし、当時は子どもが1歳と2歳の赤ちゃんで、子育てだけでも手一杯のとき、地縁、血縁、資金もありません。さすがに1人ではできませんので、前職の同僚で現、松井名誉会長と一緒に会社を始めました。松井名誉会長は宅建資格がありましたので、脱サラして独立するため私の勤める会社に入社したもののすぐに退職、結果実務経験なし。よってわずか3年半だけの私の実務経験を頼りにほとんどノープラン、ゼロからのスタートでした。

余裕もなかったので法人の設立登記や免許の申請はもちろん、決算や申告なども専門家に頼まず自分で行いました。最近まで顧問弁護士、顧問税理士も頼まずに「何事も自分たちで」というスタイルで、試行錯誤しながら会社運営をしてきました。

不動産バブルの時代でしたが、不動産業が「儲かる仕事」として選んだのでなく、自分の資格でできる唯一の道だったのです。ところが、始めてから不動産業のイメージがあまりに悪いことに愕然としました。「不動産屋」と言われ、利益優先の男性社会、女性が仕事をするイメージはありません。平成5年8月、不動産コンサルティング技能登録試験（現、公認不動産コンサルティングマスター）の会場でもその思いを強くしました。ほとんどが男性で、女性は数えられるほどしか見あたりません。不動産業は男性社会だと感じてはいましたが、いかに男性社会かということを再認識させられました。

この経験がきっかけとなり、不動産業で女性が活躍する場を作りたいと切実に思うようになりましたが、待っていても何も変わりません。自分でできることで、業界や一般社会にアピールしていこうと考えたのです。翌年、全国から不動産コンサルタントが集まる研修会で４００人の前で「相続」についての事例を発表しました。当時は

30代ですから、会場のほとんどが年上の大先輩ばかり。それでも熱心に聞いていただき、終わってからは名刺交換の列ができたようなことで、大きな手応えを感じたのでした。発表者の女性は毎年私ひとりという状況ながら、4年間続けて唯一女性として事例発表をし、飛躍のきっかけとなりました。

また、先輩方の反応からは士業をリードする仕事はできない雰囲気でしたので、相続分野では女性でも、追い越せるとも感じました。

不動産コンサルティング提案を経営の柱に

宅建業の免許が下りるとすぐに、アパートを管理させていただく大家さんを紹介してもらいました。そして、その大家さんが土地活用コンサルティングの最初のお客様にもなって下さいました。自宅周辺に約1000坪の土地を持つ方で、木造平屋の貸家が古くなって空いていましたので、アパートに建て替えるご提案をしたところ、任せていただいたのです。その後も毎年のようにご提案をし、平成4年に亡くなるまでの6年間に6棟のアパートを建てていただき、管理もさせてもらいました。貸家のときは、固定資産税を滞納するほど困窮されていましたが、建て替えることで収益も良くなり、「生活が安定した」ととても喜んでいただきました。

この大家さんは、最初に管理を任せていただき、土地活用も最初に任せていただいた大家さん第1号の方ですが、相続でも最初にお手伝いをすることになり、忘れられない出会いとなりました。

土地活用のコンサルティングには、スタートした昭和62年から取り組んできましたが、当時はまったくお手本はありませんでした。前職の在職中にその会社が自社ビルを建てることになり、建築費の返済計画を作ったり、図面を見たりしたことをヒントにして考えました。

ちょうどパソコンが普及してきた時期で、建築採算ソフトを導入することで、建築プランや借入返済計画書などのシミュレーションができましたので、それを添付書類とし、メインの提案書は自分で手作りしました。間取り図などは地元の建築会社に作成してもらい、アパートやマンションもオーダーメードの手作りの物件をご提案していました。

現在でも、土地活用や不動産コンサルティングのご提案をしている会社は少ないというのが現状です。ましてや１９８０年代後半、設立間もない小さな不動産会社がコンサルティングを行っているという話は、他ではまったく耳にしたことがありませんでした。

しかし不動産業の信頼性を高めるために、平成５年にコンサルティング資格「公認不動産コンサルティングマスター」が創設されましたので、第一期生として認定を受けることで、本格的に不動産コンサルティング事業を柱として取り組むようにしていきました。

土地活用の提案コンサルティングに特化し、土地を所有されている地主さんにアパートやマンションのご提案をし、建てていただき、管理を増やしてきました。いままで土地活用コンサルティングによって建てていただいた物件は１００棟以上になり、引き続き管理させていただくことでお客様とは20年、30年と長いお付き合いをさせていただいております。

「クラインガルテン」（神奈川県横浜市）、(千葉県八千代市)
「プレシェルト弐番館」(東京都練馬区)
「アリビオ」(千葉県柏市)

創立31年目、50年に向けて堅実な永続企業をめざしたい

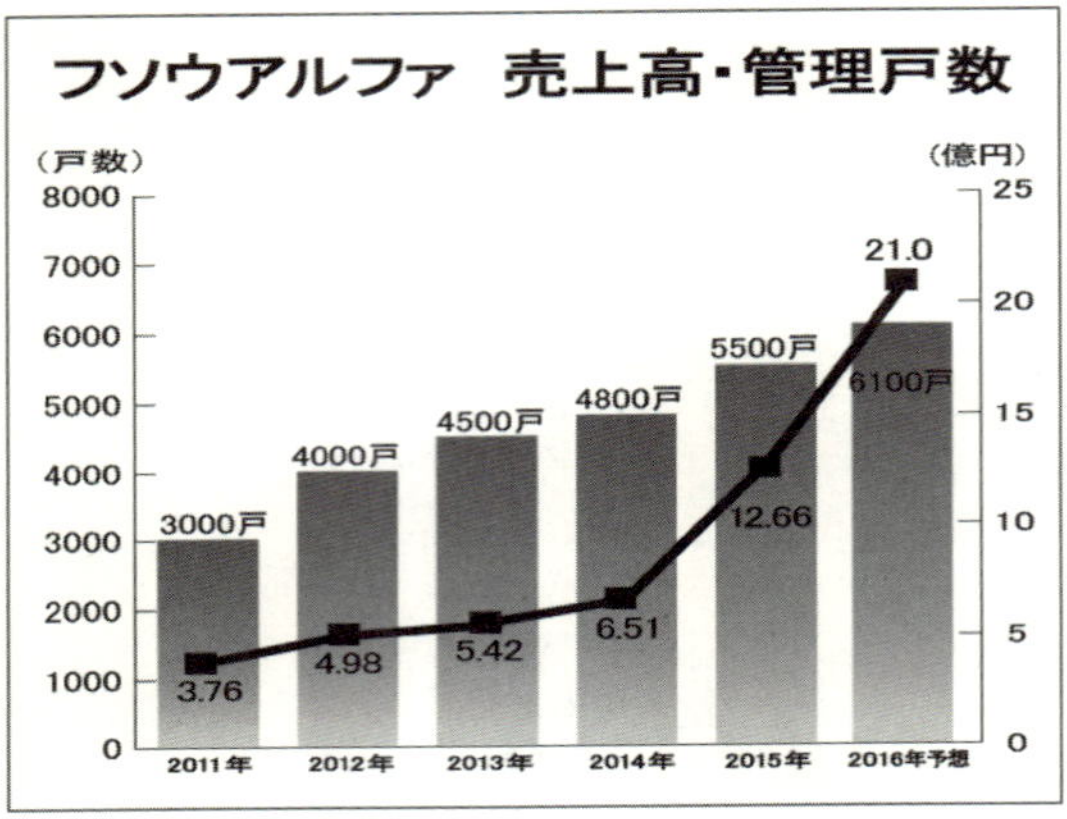

　昭和62年に創業した㈱扶相は、20年目に㈱フソウアルファと社名を変更し、平成29年で31年目になります。主業務となる賃貸管理部門は堅実に管理戸数を増やし、現在６１００戸ですが、それを5年以内に１万戸にし、全国管理戸数ランキングで１００位以内となることが目標です。サブリース物件も多いため、「アパマンショップ」のＦＣに加盟して賃貸、売買ともに仲介力を高めています。

　ここ数年では不動産売買を強化し、売上げを強化することで業績を伸ばすこと

フソウアルファの月例懇親会（30周年記念）

ができています。平成28年度末の30期決算の売上げ22億円は過去最高でしたが、売上げにおいては5年以内に30億円を達成する計画にしており、創立50周年に向けて永続できるような経営を目指していきます。

数年前より、毎年、私の母校である千葉県柏市にある麗澤高校の姉妹校、麗澤大学の卒業生を新卒採用しており、今後も継続していく予定です。即戦力となる経験者の中途採用に比べ、新卒採用は時間がかかることもありますが、愛社精神を高める機会を作ることで、仕事への意欲も高まり、成長も著しく、前向きな取り組みをしてくれるので、チームワークも高まり、社内が活性化されます。

特に土地活用コンサルティングは、お客様との信頼関係を築いたうえで、竣工後は管理事業へとつながり、何十年もの長いお付き合いとなります。社員ひとりひとりに、当社の企業理念や事業活動方針を理解してもらい、自分が主役だという意識を持つことが必要になると事あるごとに伝えるようにしています。30周年を迎えた平成28年より、チーム力を高めるように毎月の親睦会などイベントを増やましたので、社員に愛社精神が高まることを期待しています。自分たちが次の50年、100年を支えるメンバーとして活躍してもらいたいと考えています。

「相続コーディネート」なる分野を創り出す

不動産コンサルティングを始めた当初は、土地活用コンサルティングが主でした。「相続コーディネート」という今までにない業態を創るきっかけは、最初の大家さんが平成4年の暮れに亡くなったことです。

税理士に依頼すると相続税は3000万円になるといわれましたが、そんなまと

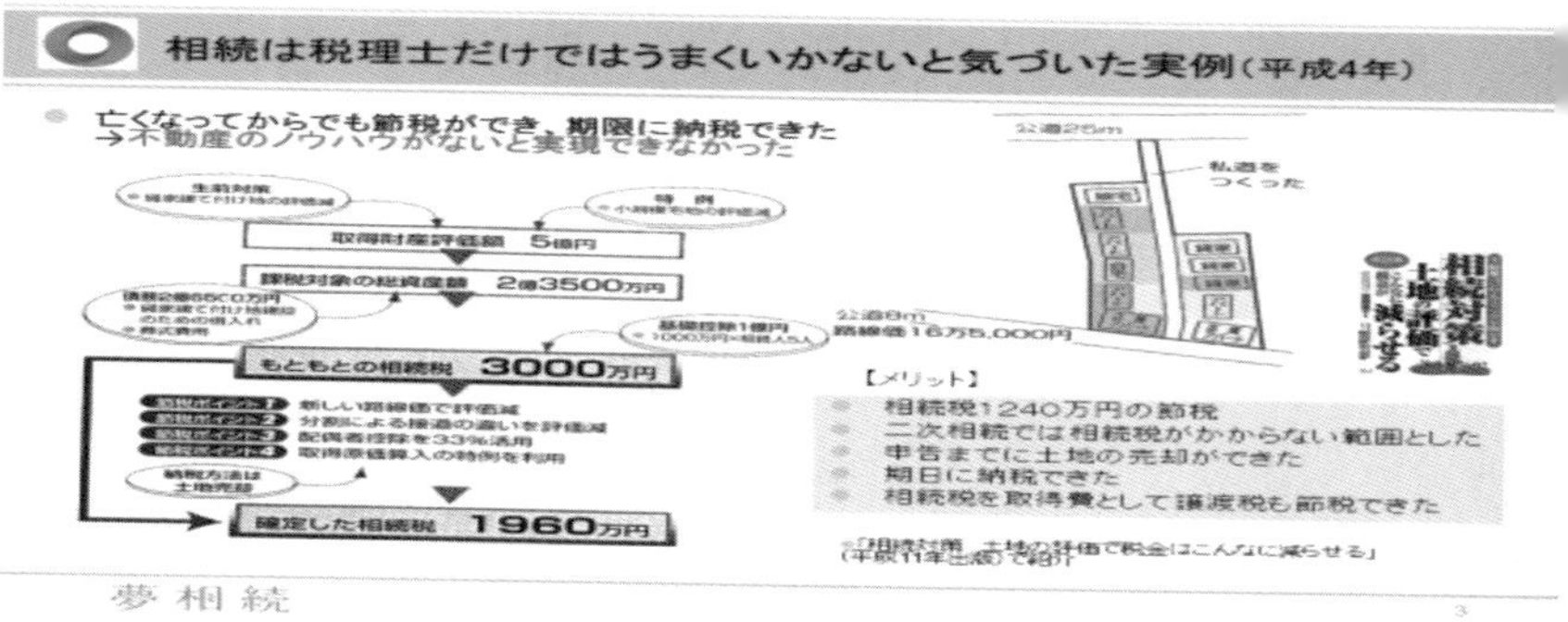

まったお金はありません。「相続税は安くできないのだろうか」と知恵を絞り、私道を分筆、宅地も相続人ごとに分筆して分けると、相続税は1960万円まで下がりました。これは衝撃的で、亡くなってからでも土地の評価を下げると相続税が減らせることを初めて実体験しました。

次は納税です。相続税が安くなったといえども土地売却が必要でした。そこで賃貸中だった貸家2棟の入居者にご理解いただき、更地にして70坪の土地を納税期限までに4500万円で売却して、その代金で納税することができました。まだ現金が残り、相続人の奥さんと子どもさんたちには喜んでいただきました。

このとき土地がある方の相続は、税理士だけではうまくいかないことにも気づきました。土地をどう相続するか、納税はどうするかなどは、不動産の実務経験が不可欠なのです。よって土地がある方の相続には不動産業のサポートが必要であることを実感し、「相続コーディネート」を手掛けることにしたのです。

相続に特化した相続コンサルティング事業を開始すると、土地持ちの資産家から相続相談を受けるようになり、実務の委託も増えました。実務をこなすほどに「亡くなってからでも相続税は減らせる」ことが確信となり、事例をまとめて最初の著書『相続対策！　土地の評価でこんなに税金が減らせる』を出版するようにしました。平成11年のことです。

すると全国からの相談や委託が増えて、不動産会社の一部門では対応しきれなくなったため、翌年、相続相談の窓口としてＮＰＯ法人を設立しました。実務のサポートも必要になり平成13年に相続コーディネートの専門会社を作り、東京に移転するなど広く情報を出しましたので、全国に「相続コーディネート」が広がっていきました。

分社した㈱夢相続では、相続コーディネート業務を主として資産組替えや土地活用コンサルティングを行い、賃貸物件を㈱フソウアルファが賃貸管理をするという形で連携を取ることができ、相乗効果を生み出せています。

【不動産】【事例】【出版】【システム】【ネットワーク】の連動

私が創ってきた「相続コーディネート」は、「不動産相続」の実務を得意分野としています。「相続対策」は弁護士、税理士などの士業の仕事や遺産整理の信託銀行のイメージがありますが、「生前の相続対策」では、具体的な実務の提案をしてサポートするのは、弁護士、税理士などの士業や信託銀行などではなく「不動産や金融の実務家」の役割になります。対策の目的は、財産の評価を下げて節税し、円満に分けられるようにすることですので、それは「現金で不動産や生命保険を購入すること」が代表的な対策となり、「不動産業」の分野といえるのです。士業の専門家とはネットワークして協働するようにしています。

いままでに、「相続コーディネート」の知名度をあげるためにいろいろな戦略を考えて取り組んできました。キーワードとなるのは【不動産】【事例】【出版】【システム】【ネットワーク】の5つです。

①【不動産】士業と同じ目線ではなく、「不動産の相続」に特化した分野を作りだして仕事をする、士業ができない提案、サポートが必要

②【事例】仕事の成果は分析、事例化して会社の財産とする、売上は1年だけの貢献で経費と納税で終わるが、仕事を事例化することで何年も活用できる会社の財産となる。

③【出版】出版により独自の情報を出し続けることでお客様を増やす書籍に事例の情報を出すことが信頼を得る確実な近道となり、広告になる

④【システム】お客様に一番近いポジションを確保、委託を受け、優位な仕事をする相続コーディネート実務士が中心となるシステムを厳守する

⑤【ネットワーク】一流の専門家とネットワークし、業務的にも人格的にも切磋琢磨する

一流の仕事をする覚悟を持ち、評価を得ることをめざす

こうした戦略の成果で、相続相談1万３０００件を超え、相続コーディネートの実務は累計で２０００件、平成28年度の年間委託数は２００件となっています。取り扱い総資産は２５３１億円、土地活用１０５件、遺言書２２０件という実績です。

「相続コーディネート実務士」を創設、養成講座も開始

平成27年より相続税の改正が行われ、相続を扱う専門家が増えてきましたが、「相続実務」ができる専門家は少ないのが現状です。相続になる前、家族のもめ事が起きる前にアドバイスやサポートが必要なのに、それに対応できるところは士業や銀行ではないのです。

そうした現状を解消するため「相続コーディネート実務士」を創設、商標登録をし、養成講座を始めました。「相続コーディネート実務士」は、今までの不動産業の固定

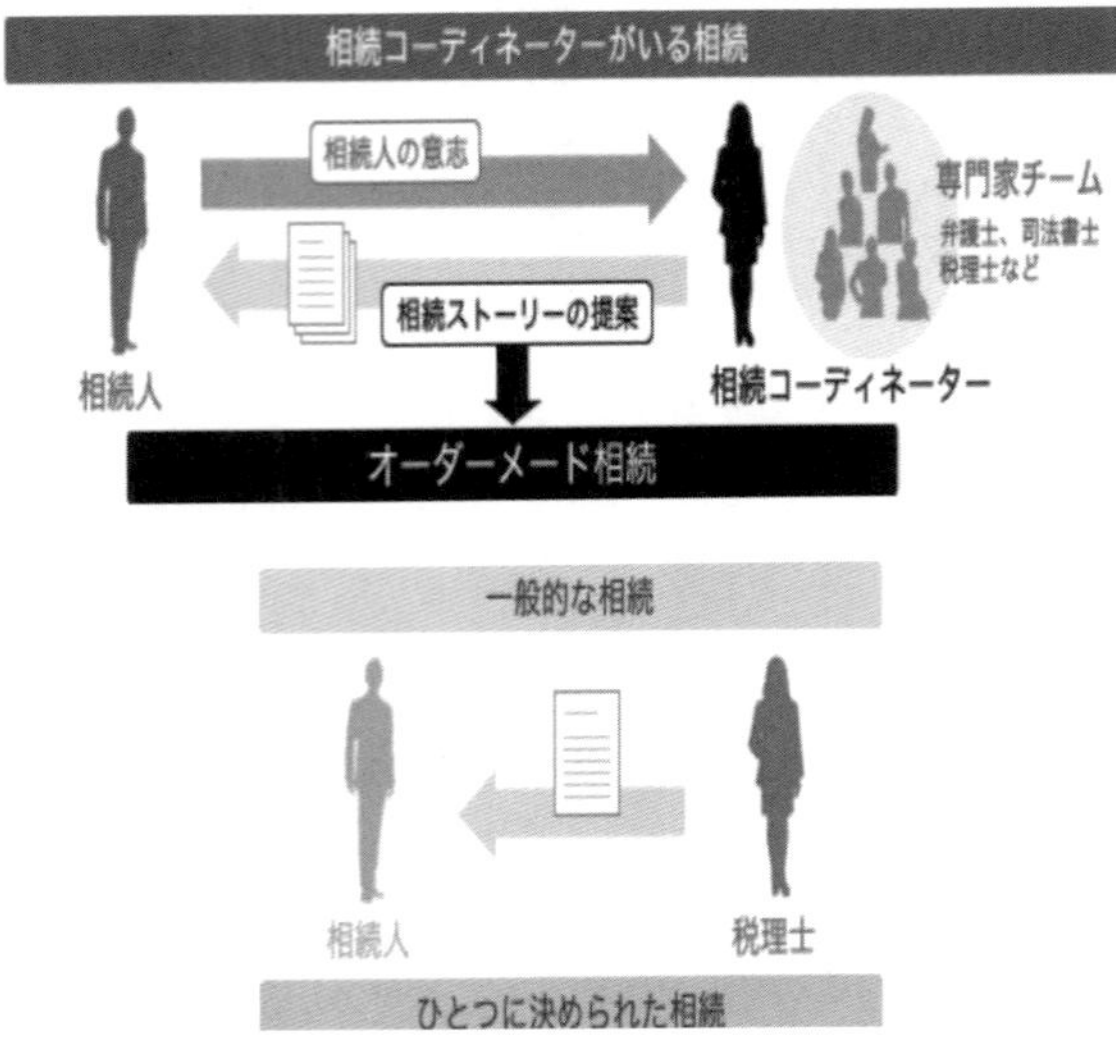

観念にとらわれない新しい業態です。相続対策では不動産に関する知識や実務ノウハウがないとうまくいかないことが多く、相続を不動産業の分野ととらえて、提案、サポートする業態です。不動産の知識や実務ノウハウを生かして相続のストーリーを描き、お客様に選択肢をご提案して実務をサポートする「相続コーディネート実務士」は、不動産業においても必須分野になり、求められてくるはずだと考えております。すでに200名以上が講座に参加されて、相続業務に踏み出しておられます。相続人とともに夢が描け、感動が引き出せる仕事です。不動産業にとってやりがいのあるライフ

ワークとして取り組んでいただける仕事だといえます。
「相続コーディネート実務士」のビジネスサイクルは、次の４つです。

①【提案】相続相談を受け、アドバイス、提案する
②【受託】業務を直に受託、士業など提携先と協働して相続をつくりあげる
③【広報】事例をメルマガ、ＨＰ、書籍出版などで紹介、情報を出す
④【集客】セミナー＆相談会の開催により、集客して相談につなげる

テレビ、新聞、雑誌に情報提供して、ブランディング

平成11年に最初の著書を出版してから、毎年少しずつ出版を続けて今までに44冊の著書や監修本が出版され、累計で43万部が販売されてきました。書籍を読んでいただいた方がお客様として相談に来られて、その日に委託をいただくこともあります。

そうした積み重ねがあるだけにテレビ、新聞、雑誌等の取材も増えてきました。NHK「あさイチ」をはじめとし、テレビ・ラジオは79回出演させていただき、日本経済新聞などをはじめとして新聞・雑誌の取材は350回以上も協力してきております。

また、平成17年ごろより自社主催のセミナーを開始して、毎月開催しており、宅建協会の法定講習などの不動産業界向けのセミナー講師やハウスメーカーなどの主催で一般のお客様向けのセミナーなども多数担当しており、累計400回以上も講演しています。

マスコミに取り上げられるとやはり反響は大きく、相談の電話が増えます。セミナーでは直に話を聞いていただき、相談していただける機会となりますので、今後も出版を続け、広く情報提供をしていくことで社会貢献にもつなげたいと考えています。

相続本
44冊出版
累計33万部
不動産対策
節税対策
生前
相続後
土地活用
コンサル
相続全般
遺言
セミナー&相談会
累計390回
TV
累計78回
メディア
取材
累計360回
日本経済新聞／日経MJ／読売新聞／朝日新聞 等
NHK
あさイチ
ゆうどきネットワーク
首都圏ネットワーク
団塊スタイル
TBS
Nスタ
あさチャン!サタデー
フジテレビ
ノンストップ!
新報道2001
千葉テレビ
古賀式ビジネス道場
グッと!金ようび
ビジネスフラッシュ
テレビ朝日
モーニングショー
GLOBAL Owners
月刊ビジネスモデル
建築ジャーナル
相続士ジャーナル
PRESIDENT
家主と地主
PHPくらしラク～る
週刊ダイヤモンド
週刊朝日MOOK
ときめき
週刊東洋経済
ニッキン マネー
AERA
女性セブン
日経トレンディ
週刊朝日
夢相続

書籍、マスコミ等の実績

不動産業は女性の発想力が生かせる

私は、義父に勧められて宅建資格を取ったことから不動産業に携わるようになったわけで、不動産業を深く知って始めたわけではありませんでした。けれども、持ち前の「一生懸命さ」で取り組んだお陰か、今では、この仕事に出会えて本当に良かったと思っています。

社会的な評価は弁護士、税理士、司法書士など士業のほうが高いのが残念なところですが、不動産業ははるかに自由度が高く、自分の発想で前向きな提案ができ、形が残せる仕事だといえます。土地活用コンサルティングでご提案した賃貸マンションにはコンセプト作りから関わり、オーダーメードの間取りなどに参加し、マンション名も提案して、今も稼働し続けています。お客様と一緒に創り上げていくコンサルティングは、お客様に資産を維持していただくだけでなく、自分の作品としても残るので、本当に楽しみのある仕事になりました。

平成9年に節税対策として土地活用をしていただいたお客様のマンション1LDK

と2LDK32世帯のRCマンションは築20年が経ちますが、いまだに満室経営ができて、当社のシンボル的な物件になっています。

お客様のニーズを引き出し、感情的な配慮をし、住まいや生活に関するご提案をして経済的なメリットも得ていただく「不動産コンサルティング」や「相続コーディネート」は女性でも無理なくできます。むしろ、誠実に信頼関係を築け、発想豊かな女性のほうが適した仕事だといえるかもしれません。

地縁、血縁、資金なしのゼロから始めましたが、現在、2社の資本金は1億5000万円まで増資をし、私はその約半数を保有しています。個人の資産は自宅と複数の賃貸物件を取得することができていますので、不動産コンサルティングや相続コーディネートは資金のないところからでも成功できる可能性のある、魅力ある職業だといえます。

今後も積極的に出版や情報発信をし、不動産コンサルティングや相続コーディネートの可能性や魅力を伝えていきたいと考えています。そうすることで女性や若い年代の人にも、あこがれを持って目指してもらえる職業になるように貢献していきます。

『地域とともに』34年を振り返って

野老真理子
ところ・まりこ

大里綜合管理株式会社 代表取締役

1985年　淑徳大学社会福祉学部卒業後、母が設立した大里綜合管理に入社

1994年　代表取締役社長(現在に至る)、学童保育を始める。

2007年　NPO法人大里学童KBAスクール代表

2008年　千葉県男女共同参画推進事業所表彰(奨励賞)、

2010年　「子どもと家族を応援する日本」内閣府特命担当大臣(少子化対策)表彰、地域づくり総務大臣表彰(個人表彰)。厚生労働省社会保障審議会「生活困窮者の生活支援の在り方に関する特別部会」委員なども歴任。

PHP「松下幸之助塾」(2015.7)等の紙面や、テレビ東京系「カンブリア宮殿」(2015.11)等の放送などでさまざまな活動が紹介されている。

みなさんこんにちは。大里綜合管理株式会社の野老真理子です。今回不動産女性塾のみんなで1冊の本を作るという話をいただき、私の仕事人生を振り返るいいチャンスになればと仲間に入れてもらいました。どうぞよろしくお願いします。

大里の紹介　私の紹介

大里綜合管理は、千葉県の外房九十九里浜、全長66キロのほぼ中央にある大網白里市にある会社です。不動産の取引、建築請負、管理業務が主な事業内容で、創立43年になります。昭和50年に母が創業し、私は創立10周年に入社、そして創立20周年に、二代目社長になりました。今年で社長業23年です。現在25名の社員さんと、仲良く仕事しています。年商は約5億円、売上げは大きく伸びませんが、赤字は出したことがありません。年に一度、会社の方針を書いた経営計画発表会を開催し、全社員で、経営理念である「一隅を照らす」のもとに、一つ一つの仕事を通して理念が具現化されるように努力してきました。

大里の2つの特徴

わが社には2つの特徴があります。一つは、環境整備と称して1日1時間掃除をしています。これは気づく訓練として始めました。社長になって3年目、わが社はあってはならない大きな事故を起こします。工事の仕事で、かけがえにない22歳という若き青年の命を失わせてしまったのです。伐採した木を引き上げるためにトラックの荷台にロープで縛り、道路をまたいでトラックの動力を使って動かしていたとき、そのロープがバイクに乗った青年の首に入って命を奪ってしまったのです。一報を聞いて駆けつけてからの一つ一つは今もはっきりと覚えています。私自身も3人の子どもを持つ母親ですので、子どもの命が失われるということの大きさを実感できます。だからどんなに償っても許されはしないことを、20年以上経った今も受け止めています。1日1時間掃除をするということは、この事故がきっかけで始まりました。その瞬間に気づけなかったことが取り返しのつかない事故につながった。ならば会社を再生するには一人一人のスタッフが危機に気づく、お客様の声に気づくという訓練をしなければならないと考え、始めたものです。これは20年経った今も続けています。1日1時間の環境整備を通してさまざまな改善がされました。

たとえばわが社の机の引き出しには同色同種類のペンが1本しか入っていません。2本入っている必要がないと気づいたのです。2本以上入っていれば1本なくなってもわからない、景品でもらうようなボールペンはなくなっても大事にされません。そしてすべてに名前がつけられるようになりました。誰かが使って持って行かれても名前が付いていれば戻ってくるのです。どんな小さな消しゴムにも名前が付いています。

また、引き出しの2段目3段目は物がしまわれるところでなく、問題が隠されるところだとも気づきました。なぜなら机という概念は自分のもの、しかし会社では、そのすべてがお客様のためのもの、個人の引き出しの中に入ってしまうことの問題に気づいたのです。その引き出しを使用禁止にし、今は引き出しすらありません。環境整備を通して気づいたことを改善してきました。また気づいたことをやらなければ、気づいてないことと同じことと。その積み上げで、どこを動かしてもゴミやホコリのない事務所、必要なものは10秒で取り出せるという会社になりました。

この気づきがもとで、もう一つの特徴である地域活動を併せ持ってやる会社になったのです。わが社は毎月1日早朝は13ヶ所の駅の掃除をしています。毎月7日は3ヶ所に分かれて道の掃除を、毎月第2土曜日は5つの海岸のゴミ拾いをしています。仕事をさせてもらっている地域の道、駅、海への感謝の気持ちです。もちろん地域の方々も一緒にやってくれています。

わが社は創立30周年に本社を移転し、グランドピアノを置きました。そのピアノを見て地域の方が「良いわね大里さんは！　ピアノがあって！」と言われました。気づく訓練をしている私たちは、その方がなぜ「いいわね」と言われたのかを深掘りします。よくよく聞いてみると、

社員による道路の清掃

お嬢さんが音大を出て、卒業してもピアノを弾ける仕事にはつけなかったとのことでした。何年も練習してきたのに、もったいないなと思い、片方では生の音楽を聞くことのできない人もたくさんいる！　ここをつなげればと思ったのです。場所は！　わが社はどこを動かしてもゴミやホコリはありません。どの場所も整理整頓されていいます。昼休みは仕事が止まっています。つまり仕事に使われていない空間のこの事務所でコンサートを開くのです。昼休みになるといくつかの机を動かして椅子を並べ、どこからともなく音楽を聴きに地域の方がいらっしゃる、そこにピアノやフルートなど音楽を奏でる人が来てささやかな昼休みコンサートになるのです。このほかにもたくさんのコンサートが開かれるようになりました。

また、わが社の2階には小さな台所があります。ここで昼食を作って食べていたとき、2階に上がってきた地域の方が「いいわね、大里さんは、みんなで作って食べてて！」と言われました。気づく訓練をしている私たちは、なぜその方が「いいわね」と言われたのかを深掘りします。よくよく聞いてみると、ご主人が現役でお子様がまだ同居していたとき、「大きなお鍋に作ってもあっという間になくなってしまうの」、でも今はお子さんが出て行きご主人が退職され、「小さなお鍋に作っても何日も残るのよ！」と言われました。ああ、この方はお料理が好きなんだ、上手に作れるんだ！　作れない今を嘆いているんだと思い、片方ではコンビニのお弁当しか食べることのできない人がいるのになあ、この2つを結びつけ、わが社の2階には昼だけやる、地域の主婦がシェフになる「ワンデーシェフレストラン」が展開されています。今年で10年になりました。1日30食限定、一食800円です。このレストランは誰ももうかりません。でも毎日毎日「美味しかったよ」「ありがとう」という声が飛び交いとても豊かなコミュニティを作り出しています。

こんな風に気づいたことを形に変えてきました。その数は300を超えました。大里のスタッフはみな、目の前の出来事や課題に対し、お金になるかならないか、仕事でないかならないかで、切り捨てるのでなく、それは大切なことかそうでないか、また、私たちにできることかそうでないかを判断し、やれることはやり始め、続けてきたのです。平均をとるとだいたい仕事時間の6割で本業である不動産の仕事を、4割は地域の課題解決をと取り組むことのできる会社になりました。

私は、小さな会社とはいえ、社長として気づいたことがあります。それは企業の責任ということです。一人一人の人間は大きく3つの役割があります。一つは「仕事」

です。仕事を通してお役に立ってもらい、ありがとうと一緒にお金をいただき、会社を成り立たせ、生活費をかせぐということ。一つは家族を守り子どもを育てるということ。そしてもう一つは「地域を作る」ということ。私を含めた社長は自分の会社や仕事を成り立たせるために、残りの2つをいい加減にしてきました。つまり仕事が終わるまで帰るな！　などと引き換えに一人一人が責任を持たねばならない家族への、地域への責任を果たせなくなり、今ある世の中の課題は、社長に責任があると気づいたのです。だから、大里がある地域の役割を担うことやまた子連れ出勤や子育てに対しての待遇を図ることで、責任を果たしたいと思ったのです。

震災から学んだこと

東日本大震災から6年が経ちます。日ごろから地域の課題をわが課題に受け止め、自分たちにやれることをやってきたので、あの時も私たちは目の前の課題に立ち向かいました。大きな揺れとともにすべてのインフラが止まり、停電で機能を失った信号のある交差点では交通渋滞を起こしていました。わが社の男性社員は、5つの交差点の交通整理をしました。女性社員たちは、地震で崩れた書類棚など整理し、暗くなって車の流れが収まったころを見計らって会社に集まり、女性社員さんが作ってくれた炊き出しを食べながら「有事の日々が始まるよ！　心して取り組んでいこう！」と伝えました。

次の日も電車は止まっていて、東京に通うサラリーマンの方が2名大里に出勤してきました。大里に行けば何か役に立つからという理由でした。その方たちとチラシを作り、義援物資を集め、最初に出発したのが3月19日、震災から1週間強の時でした。あちこち通行止めで行っては引き返しでたどり着いたいわきの避難所で物資を下ろしました。道中の景色はこの世のものでなかったことを今もはっきりと覚えています。あれから何回行ったでしょうか。その数は200回を超えました。6年経った今も通い続けています。たまたま会社に2台のマイクロバスがあり、このバスにみんなを乗せて東北のボランティアに行きました。日中仕事をした後の夜11時、地域の方々を乗せて出発します。明け方には陸前高田を始め南三陸や石巻に着き、物資を配ったり、ボランティアをしたり・・・夕方向こうを出発すると、夜中の11時には大網に着きます。丸一日で行って帰って来られるからみんなでボランティアに行こう！　そう呼びかけて、回を重ねてきました。

私は今度の震災で二つのことを学びました。一つは、震災が必ずあるという覚悟です。日本は四方八方を海に囲まれ四季があり、山という山には8割以上木々が生えて、自然の恩恵をどの国よりも受けて暮らしを立ててきました。その反対側にある自然の怖さ、恐ろしさを昔の日本人はしっかり受け止めてきたのに、いつの間にか経済優先、科学へのおごりでその怖さを受け止めなくなってきました。今回の震災は日本で暮らすという覚悟、つまり災害が必ずあるということをもう一度受け止めなければならないと思ったのです。

社員による震災ボランティア

ボランティアで被災された方々の肩をもみながら、「ご家族ご無事でしたか？」と尋ねると必ず、だれかれがまだ見つかっていない、亡くなったなどの会話が当たり前で、この人に罪はない、確率なんだと思ったのです。

もう一つは、あちこちの避難所を巡っていて、なぜここは温かいものが食べられて、ここは配給のお弁当だけなのか？　なぜここはボランティアの手が入っていて、ここには誰も来てないのか？　時系列でみてみると、仮設住宅でも同じことが、また今で言うと復興住宅がなぜこんなところに建っているのか、またなぜここは木の住宅にみんなで住んでいられるのか、など、その違いを見てきた中でわかったことは、いざとなって震災が起こり生きていたら、やれることをやるという覚悟が大事だということです。つまり、寒ければ薪を集めて火を燃やして温まるということをすると次の課題に移ることができますが、誰かが何とかしてくれると人任せにしたところは課題がそのままになる！　その違いが一つ一つ現れ、美しい三陸海岸に壁が建つところとそうでないところができるのだと思いました。だから震災は来るという覚悟と、来たらやれることをやるという覚悟、この二つの覚悟さえできていれば、あとはすべてが応用編、つまり地域防災は、この二つを覚悟して生きている人が増えることが大事なのだと思い、地域の人たちを東北ボランティアに誘い、向こうでボランティアをしながらその様子を頭に入れ、帰りのバスの中で、「もしもの時はみんなで頑張ろうね」と声をかけてきたのです。

もう一つが原発です。私は商売人として原発の是々非々を口にすることはいけないことだと思ってきました。でも東北ボランティアに行くとき、必ず福島を通ります。そこに行くと急に放射線量が高くなります。

美しかった田んぼ畑もセイタカアワダシソウが生え、柳が生え、無惨な景色に胸が痛みました。未だに帰ることのできない人たちがたくさんいること。いったいこの原因はなんだと思うと、もちろん政府も東電も責任があるけど、いい気になって電気を使い、足りなければ作れ！　と言ってきた私たち国民にも責任があり、その一人であることに責任を果たすことが必要だったと思いました。1年目は原発の作り出す電気量は30％だと聞いたので30％の節電をしようと方針に掲げ、全社で取り組みました。みんなも東北に通い続けてくれていたので、思いは同じでがんばってくれて、1年経った時30％の節電ができました。その時大飯原発が稼働されました。私たちは自分の30％は節電したのに、なぜ電気が足りないのか、どこに問題があるのかを自分に言い聞かせたら、わかりました。電気を使わないと生産できない工場や電気を使わないと人の命を救うこともできない病院や警察など、平均3割ということは、誰かがその分を受け持たねばならないこと、それなのに私たちは自分のことしか考えていなかったことを反省し、2年目、70％になった使用量の半分を減らそう、つまり35％にしようと呼びかけ目標にしました。スタッフは、えーと言いましたが、やってみようと始まり、週1回の節電会議はいつしか朝になりました。

毎回出される節電のための提案はすべてやり、38・7％まで下がったとき、スタッフの一人が「社長もうやめましょう、これ以上やるとお客様に迷惑がかかります」と言いました。私は「あきらめないよ、今あきらめたら、やっぱり原発は必要だったとなってしまうから」。そのときいつもおとなしい女性スタッフが、「私たちの気持ちを受け止めてくれてありがとう」と言ってくれました。彼女は、第一原発の1キロのところの双葉町で家族で自動車修理工場を営んでいました。あの事故で着の身着のままで、身寄りのない大網に家族8人で避難し、道中おじいさんが亡くなり、胸の内に辛い思いを持ちながら頑張ってくれていた。その彼女の前でちょっとぐらい大変だからもうやめようとした発言に「あきらめないよ」と言ったことが彼女の言葉になり、私たちは「そうだった、こんなに辛い思いをさせてしまった責任を果たさねばならないとやってきたのだ！」とみんなで思いを一つにすることができました。そのとき「１センチの改革がなければ、１ミリの改革はまだ残っている」と話しました。自主停電を30分やっていたのですが、それを35分にすることはまだ残っている、つまり掲げた目標数値を少しずつ上げたり下げたりすることで拍車をかけ、２年目は37・８％に下げることができました。３年目は30％を破ろう、６年目の今は20％の使用料で不自由なく仕事しています。私たちはやればできるということを共有することができました。もしかしたらこんどの事故で10％もできないという側だったかもしれません。でも目の前にしたことを正面から受け止め、積み上げてきたこの歴史は、私たちみんなの誇りになりました。

これからのこと

「大里管理さんは将来どんな会社になるんだろう！」「どんな会社にしたいの？」そう聞かれることが多くあります。もちろんみんなにとって、お客様を始め社員はもちろん、その家族や、友人、地域の人たちすべてにとって役立つ会社にしたいという目指すべき北斗七星はあります。でもそこへ行く方法は大きな目標を掲げるのでなく、目の前に見えた一つ一つの課題や問題に、正面から向き合い、大事なことかそうでないか、私たちにできることかそうでないかと判断し、できることはやりはじめ、やりつづけることで、作られる会社の未来を楽しみにしていきたいと思っています。巡り合ったかけがえのないスタッフたちとともにその人生を重ね合わせ、仕事とは何か、生きることとは何か、に答えを出しながら豊かな人生を送っていきたいと考えています。

いつも「生かされている」感謝の気持ちを

柳内光子
やない・みつこ

山一興産株式会社　代表取締役社長

1939年 東京都江戸川区生まれ。
1963年 実兄と共に「内山コンクリート工業株式会社」（現・株式会社内山アドバンス）設立
1969年 販売会社「山一興産株式会社」設立
2004年 山一興産・内山アドバンスの事業拠点となった浦安市の商工会議所会頭に推薦を受け就任
2006年 アメリカ・スターグループ主催「The Leading Women Entrepreneurs of the World」（世界優秀女性起業家賞）受賞
2007年 春の叙勲・褒章にて「藍綬褒章」受章
2012年「第10回　渋沢栄一賞」を受賞
同年 明治大学専門職大学院ガバナンス研究科入学
2014年 春の叙勲・褒章にて「旭日小綬章」受章
同年 明治大学専門職大学院ガバナンス研究科卒業
関連会社等　株式会社内山アドバンス　代表取締役副社長
山一産協株式会社　代表取締役社長
内山コンクリート工業株式会社（旧・菱山コンクリート）代表取締役社長
社会福祉法人江戸川豊生会　理事長
医療法人社団健勝会　常務理事
学校法人草苑学園（草苑幼稚園・草苑保育専門学校）理事長
団体等　浦安商工会議所 会頭

高校卒業後すぐに家業の建材店を引き継ぐ

私は、農業と建材業を営む父の二男三女の次女として生まれました。小学校5年生の時、父が36歳の若さで他界し、まだ中学生だった兄の甚一が家業を切り盛りするようになりました。私は商業高校を卒業後、兄と一緒に働いて、1963年に内山コンクリート工業株式会社（現・㈱内山アドバンス）を創業しました。

時代は東京オリンピックを控えて、国を挙げての建設ブーム。生コンクリートの需要はますます増えるという兄の読み通り、このブームの波に乗りました。営業の才覚が際立っていた兄と、私が経理を担当して、まさに二人三脚の創業時代から事業拡大の好機をつかむことができました。兄妹とはいえ、兄の仕事に対する姿勢は厳しいものでした。

1960年代、建設資材である生コンおよび製品の需要は伸びましたが、オリンピックが終わると建設不況に入り、会社も窮地に追い込まれてしまいました。その時、後に結婚する柳内正基が縁あって入社し、正基は製造に関して卓越した力を発揮してくれました。そのおかげで会社の状況は好転し始めたのです。生コンの製造に本格的に参入し、1969年に事業が軌道に乗ったところで、販売会社である山一興産㈱を設立しました。営業を兄が、製造は正基、そして経理は私が担当するトロイカ体制で事業基盤は盤石となっていったのです。

1980年代以降、時はまさにバブル景気真っ只中。次々と需要に対応した設備投資をして、工場も首都圏の神奈川、千葉と増えて業績も大きく伸びていきました。製造会社の内山コンクリートとともに山一興産も成長拡大期を迎えていたのです。そのころ、兄が絶大な信頼を寄せていた正基と結婚し、3人の娘にも恵まれました。

こうしてまさに順風満帆でしたが、1983年、社長である兄が49歳で急逝してしまいました。大黒柱を失った衝撃は大きかったです。考えてみると10年ごとくらいに浮き沈みを経験してきました。

その後、内山コンクリート工業㈱は夫の正基が、山一興産㈱は私がそれぞれ社長に就任しました。創業以来、私は時代の変化の中で、また「男社会」の建設業の中にあって、兄の指導と運命的な出会いをした夫の仕事に向かう姿勢をみて、いつしか自分の経営哲学を体験として身に付けることができました。

情けは人の為ならず。気遣いが自分の立場も変えることに

生コン業者は典型的な男社会です。その中で女性として働いて苦労はたくさんありました。たとえば生コンの現場への到着が遅れると、問い合わせの電話がかかってきます。それで「いま出ました」と言うのですが、ミキサー車は足りない。現場は待ちきれません。「バカヤローッ！　何時間待ったら来るんだ！　いい加減にしろ」。電話越しで怒鳴られました。「もうすぐ着くと思います」と言っても収まらない。最後には謝るために現場に飛んでいきました。

とにかく一升瓶のお酒を持って現場に行く。それで謝るしかありませんでした。ただ、夏の現場では割りばしに付いたアイスキャンディーを持っていきました・ミルクやあずき、チョコレート味のアイスキャンディーを持っていくことで、現場で働く人たちと人間関係を築いていくことに努めました。お詫びの形、愛情の表れは食べ物だというのが私の考えです。

私は愛の溢れる形は絶対に食べ物だと思うのです。私が現場に行くときは仕事終わ

りのタイミングであればビールを、仕事途中であれば飲み物を差し入れたりもしましたが、やはり最も喜ばれたのは何といってもご馳走でした。

私の家にも住み込みの人たちがたくさんいたので、彼らのお昼ごはんにはお膳を賑やかにして目一杯に盛ったご飯をたくさん食べさせてあげるようにしていました。とにかくご飯は大盛りにして、見た目から食べたくなるような食事をしつらえました。

物言いにしても命令調ではなく、目線を低くしてお願いすることで彼らの印象は大きく違います。「申し訳ないですね」と謝れば「いいよ、いいよ」と言っていただけます。

下から目線になることで相手にも自分の言い分をわかってくれたと思ってもらえます。そういう姿勢が大切だと学んできました。

きょうだいの3番目として生まれたので、小さいころから家事や仕事をさせられました。それで悔しい思いをしてきたことがあったからかもしれません。

ただ、家に田んぼもあって食べ物には苦労しなかったので、心の豊かさは失わずに済んだのかもしれません。

ですから、みんなで分かち合うことが大事なんだという考えを昔から持っていましたし、自分さえ良ければいいと考え方も持っていませんでした。

「現場がやりやすいように」と気に掛けることは、この業界ではとても大切なことです。試しに、「現場所長がやりやすくなるために、自分ができることは何か」ということを考えてみてください。これまでの仕事のやり方で、この視点が欠けていたなら、ぜひ実行するのがおすすめです。「情けは人の為ならず」という言葉は、「人にかけた情けは自分に返ってくる」という意味ですが、現場のことを常に考えていると、結果として、自分にそれが返ってくるのは面白いものです。私が「この人が働きやすいように」と接してきた現場所長が、その後、ゼネコンで昇進し、「柳内さん、あの時、こんなことあったよね」というような共通の昔話をしているうちに、新たな仕事につながったりもするのです。決して「見返りを求めて行動しなさい」と言っているわけではありません。「人とのつながりを大切にすることは、自分の置かれている環境も良くする」という意味合いです。人間関係を円滑にすることこそ、建設業界に限らず、社会で生きていく上で大切なことではないでしょうか。

運気のある人と付き合うこと

いい人脈を作るには、「運気のある人と付き合うこと」です。運気のある人の周りには、さらに運気のある人が集まってきます。それを繰り返すことで、人脈はどんどん強く、しかも濃いものになってくるのです。また、運気のある人は、必ず「学ぶべきところ」があります。「努力をする」「甘えない」「あきらめない」など。建設業界で女性が独立して、生き残り発展していくためには、人脈は欠かせないものです。運気のある人と付き合い、その人脈の中からさまざまなことを学び取ってください。

また、女性を取り巻く環境も、これからまだまだ変わっていくはずです。当社は1964年の東京オリンピックをきっかけに業績を拡大しましたが、次の2020年東京オリンピックまでには、「やってみよう」という強い意志を持つ女性が輝ける社会になる転機になるような気がします。都知事の小池百合子さんの影響もあるのではないかと思いますが、男中心の組織や社会での人間関係も変わっていく時代の節目に、私たちはいるのかもしれません。

地域や社会へ貢献する気持ちを忘れずに

先ほど「現場がやりやすいようにと考えることは、自らの置かれている環境をよくする」と書きましたが、取引先だけでなく、自分の会社の社員やその家族も同じです。社員やその家族に対し、親身になることで、安心して働ける会社であることは、何よりも大切なことです。今の本部は江戸川区の西葛西にありますが、ビルの1階には私が個人で経営している飲食店があります。社員には「退職後でも、いつでも食べさせてあげるから、そのときは遠慮なくお店に来なさいよ」と半ば冗談で口にすることもありますが、働いている時だけではなく、その後にも頼ってもらえる存在になれるのが理想でしょう。

さらには地域や社会にどう貢献していくかも、経営者の視点として重要です。地域は会社を育んでくれる場ですから、感謝の気持ちを持たなければなりません。

私は2004年から浦安商工会議所の会頭を務めさせていただいていますが、実は何の根回しもなく突然、前会頭から「後任は柳内さんに」と指名を受けたのです。商工会議所もやはり男性中心の組織であり、そもそも女性の会頭は私も含め過去にほとんどいませんが、迷うことなくお引き受けしました。なぜなら、浦安市には当社の生コンの主力工場があるうえに、市内企業への納入も多いので「地域に貢献できるならば」との思いがあったからです。

両親を早く亡くしたせいもあって、いつかはお年寄りのための事業を始めたいという気持ちがありました。私流のゆりかごから墓場まで、感謝の表現です。

1997年、社会福祉法人「江戸川豊生会」を設立し、茨城県潮来市、江戸川区に特別養護老人ホームを相次いで開設。その後も江戸川区や千葉県などで養護老人ホームや介護・デイサービスなどの施設づくりと運営に積極的に取り組みました。現在では15拠点以上の経営に携わっています。

その一方で、東京都豊島区で保育専門学校、幼稚園、江戸川区や浦安市では、保育所、保育園を運営。企業経営は単なる金もうけではなく、社員と家族を養い、税金を払って国の役に立つ使命を抱えています。そして、その心は「あくまでもボランティア精神」というのが持論です。

いま日本は、みんなが力を合わせて助け合っていく「共生の時代」に突入していきます。自分だけが良ければいいという時代ではありません。「世のため、人のため」という自己犠牲ができる人間がどれだけいるかで、日本の行く先は変わってしまうでしょう。「日本に住んでいてよかった」と心から思えるようにするためにも、他人のことを考える姿勢が重要になると思います。

私の人格形成ということで言えば、明治生まれの祖父母、大正生まれの父母に育てられ、昭和、平成と生きることができたという気持ちがあります。祖父母、父母を通じてご先祖様につながり、ご先祖様がいたからこそ今の私があります。ですから、いつも「生かされている」という感謝の気持ちを忘れないように心掛けています。

5年前に私の乗った車が事故に遭い、本当に生死の境をさまよったことがあるのですが、奇跡的とも言えるような早期の復帰ができたことからも、その思いがさらに強くなりました。

特別養護老人ホームみどりの郷福楽園

約 200 人の生徒が学ぶ専修学校草苑保育専門学校

浦安市に高規格救急車を献呈した受納式

できない理由を作らないこと

この本をお読みの不動産・建設業界で働く女性に、最後にお伝えしたいのは「できない理由を作らない」ということです。特に独立して経営に取り組む気持ちがあるならば、なおさらのことです。

よく「男性社会の不動産・建設業で経営者を続けるのは大変ではないですか？」という質問や、「異業種の福祉に個人資産で取り組むのはリスクが大きかったのでは？」というご心配を受けることがありますが、私からしてみると、逆にその質問のほうが不思議に思えてなりません。

私は、２０１２年に明治大学専門職大学院ガバナンス研究科に入学しましたが、この時も「高校時代からずっと働き詰めだったので、今の時代の若者と同じ空気の中で勉強したい」と思ったことで、すぐに進学を決めました。70歳を過ぎて学ぶことの何がおかしいのでしょう？　実際に、政治や行政について講義で学んだことは、今まで自分が歩んできた人生の復習になり、これまでやってきたことは間違いではなかったと、改めて確認できる有意義な時間でした。もっとも受け入れる側にとっては「教授の話は専門用語が多くてわかりにくいから、もっとわかりやすく説明できないのか」と面と向かって言うやっかいな生徒だったかもしれませんけれども。（笑）

そもそも、私は「120歳まで生きる」と公言しています。まだ40年以上ありますから、それだけ時間があればできないことなんてないでしょう？　この本をお読みの皆さんには、もっと長い時間もあるのだから「できない」と決めつけるのはおかしなことだと思いませんか？　これから人脈をいかにでも広げることもできる、その人脈を生かして起業することもできる、ビジネスを広げることもできる、そしてその成功を地域や社会に還元することもできる。自分の直感を信じて、自分の成功を信じて挑戦し続けてください。

建設業は、人が生きていくための場を提供する産業で、それぞれ携わる分野で一つでも手を抜けない業界なのです。信頼関係をベースにした運命共同体でもあります。

だから、『絶対にウソはつかない、約束を守る、他人に迷惑をかけない』が信条なのです。

男社会ともいわれるこの業界で今日までやってこられたのは、『やればできる。不可能はない。思えば思われる』という兄の言葉とともに夫の存在が支えになっています。

「自分には先祖があり、いつも『生かされている』という感謝の気持ちを」

農家経営から不動産経営の道

服部ふみ江
はっとり・ふみえ

現職名：公益財団法人日本賃貸住宅管理協会
レディス委員会東北支部副委員長
レディス委員会南東北支部委員長
（有限会社服部不動産　専務取締役）
（有限会社末広不動産　常務取締役）
出身地：山形県東村山郡中山町
略歴：山形市で生まれる
昭和38年県立農業高校卒。42年結婚、15年間専業農家
昭和58年不動産事務所開く。
平成元年 有限会社服部不動産設立。専務取締役。
平成27年10月 有限会社末広不動産設立。常務取締役。
全国レディス委員会東北支部副委員長、南東北支部レディス委員長
趣味：書道（成家位取得）、ドライブ、旅行、卓球、ゴルフ、花造り
好きな言葉：[愛されるより愛すること]
会社紹介：有限会社服部不動産
〒990-0821 山形市北町4丁目3-32
TEL 023-684-3939　FAX 023-684-3938
E-Mail　mail@hattori-rst.co.jp
有限会社末広不動産
〒990-2413 山形市南原町2丁目8-47
TEL 023-642-6226　FAX 023-642-6217
E-Mail　info@suehiro-f.com

農家に生まれ、農家に嫁ぐ

昭和20年3月、終戦の年、山形市近郊の専業農家に長女として生まれました。父はまだ終戦前のため、現在の中国で騎兵隊として戦っていたそうです。1歳すぎて歩くようになった時、帰宅し私を抱き上げたが泣かれたとよく聞かされました。

当時は、農家の長男、長女は農業高校に進学し、自営を継ぐのが当然のように親から言われた時代でした。

高校2年の秋、担任の先生より、これからは女性も自立できるように専門知識を学び資格を取る時代になって来るので、栄養士の道へ進むことを薦められたのです。学校推薦で受験するよう親を説得に来てくださいました。ところがちょうどそのころから父は、食前食後いつも胃が苦しくなり、病院を何ヶ所も行って診察してもらいましたが「わからない」と言われていると父から聞かされ、弟もまだ中学生なので、私が卒業することを楽しみに待っていると先生たちの前で聞かされ、私は何も言えませんでした。

しかたなく進学をあきらめ、卒業と同時に車と耕運機を購入して、待っていた父の下で農業を継ぐことにしました。父はその年の7月に胃潰瘍（現在の胃がん）の大手術をいたしました。五十数年前、東京オリンピックの年、農家で車や耕うん機を経営に取り入れることは、大変な時代でした。女性が18歳で免許を取得することも珍しいほどでした。

小柄で痩せていた母と近所の人を日雇いで頼み、３年間は農作業は無理と言われた父は食事の担当をしてくれました。

夏と冬の私の体重は10キロ近く差があり、父は心配し、手伝いの人を増やし、私をさまざまな青年活動、地域活動に参加させてくれたり、日曜洋裁学校や週一度の生花教室、さらに冬は毎日和裁学校に入れてくれたのです。

自分の都合で娘の希望を叶えず農業をさせたことを申し訳なく思う父の気持ちは口には出しませんが十二分に伝わってきました。

父は、小さいころは兵隊の厳しい規律で生き抜いたので、礼儀には厳しく子どもであろうとスパルタの時もありました。私が自営に入ってからは、母、弟、妹たちには気遣いと優しささえ感じました。

若き日　主人と共に

嫁ぐことができた先は、農家の長男

弟だけは自分の希望の進学校へ出願書を出すことを父に内緒で進めたのですが、やはり父母の期待と私のためでしょう。結局農業高校に進学したのです。結果、実家は弟にバトンタッチとなり、弟の先輩で私の後輩である現在の主人と縁あって結婚することになりました。

主人21歳、私22歳の誕生日3月3日大安吉日に結婚式を挙げ、今年は金婚式を迎えました。

稲作、果樹、養鶏７００羽の複合経営をしておりましたが、２年後、名古屋の師匠より千羽二千羽の養鶏では土地がエサ代となってしまうので今のうちにやめたほうが良いとの助言を受け、野菜経営へと変えたのです。

家族会議

野菜畑に適した土地欲しさに購入した際、売主が、宅建の資格を取得し自宅の一部屋に事務所を設けており、代金プラス仲介料プラス6万円を支払いました。その後私たちも、将来息子たちは自分で仕事を選択するだろうと思い、資格だけでも取得しようと思った時、山形市内に宅建の学校が開設されるとラジオで聞き、早速申し込み、主人が通学し取得してくれました。

3年後、ますます私の腰痛が酷くなり、運転するにも激痛、当時38歳で60歳の軟骨と言われ、家族会議を行い。私だけ事務職へ転職するつもりでしたが、主人の一人農業は無理となり、将来のために取得していた宅建資格を使い不動産業を2人で始めることになりました。

畑の一部は農業組合の会員が耕作してくださり、自宅の廻りの畑、サクランボ畑、

我が家のサクランボ園にて　孫と共に

我が家のサクランボ園

稲作は現在も日曜祭日、毎日の出勤前に2人で作業しております。

サクランボのシーズン6月中旬から7月上旬には、不動産仲間の奥さまや友人が毎年早朝から収穫、箱詰、発送までお手伝いに来てくれます。仙台、福島からも家族連れ（同業者）で来て、楽しんで帰って行かれます。オーナーさんへのお中元にも利用しております。

事務所設立

昭和58年自宅から8キロ、山形市北部に銀行から200万円を借り受け、家賃2万円、7坪の店舗を借りたのです。床はコンクリートのため、コンパネを敷き、その上に自宅で使用していたカーペットと机を持ってきて利用し、電話を引き、この時代FAXやコピー機を買えず、もちろんクーラーも無しで扇風機で我慢し、お客様用のソファは、穴の開いた中古品、座布団で隠すという状態で始まりました。

現在の事務所開店となると、すべて整え、美しく明るい、いかにも会社設立といった感じが当たり前ですが、当時は、なるべくある物を利用して新しい備品は購入せず始めたのでした。

それでも、農家の仲間が、一戸建てやアパートを持っている大家さんを紹介してくださり、空物件を持参。また、知り合いの大家さんに声掛けてくれて事務所を訪れてくれるようになりました。

同じ農業しているというだけで信用し「頑張ってね」と声かけてくれ、本当に温かな言葉に勇気づけられました。

いまでも、原点が農業であること、仲間への感謝を忘れず仕事に従事しております。

無我夢中で賃貸業

朝から夕方までお客様が来ない時は、仲間が紹介してくれたオーナーさんを訪問します。

主人は地主さんを訪問するのが日常のため、お客様を車に乗せて物件案内、契約、退去立合、精算まですべて一人でした。

当時土地は売れずどん底で、主人からは「お母さんから食べさせてもらっている状態だ」と友人に皮肉話をしていました。

私だけが忙しく廻っていて、売買がサッパリ動かずイライラしているのはわかっていました。

常時私の車の中には掃除道具一式入れてありました。当時、ハウスクリーニングの会社は無かったのです。大家さんに代わって、退去後、トイレ、台所磨きを行い、3月、4月の移動時期には、表具店さんが忙しく間に合わない時など、床のクッション張りまでも手伝って入居者に間に合わせたこともありました。

法人会社設立

平成元年有限会社服部不動産を設立、社長の主人と私（専務）二人だけでした。

FAX電話や中古のコピー機を購入し、冷暖房機も取り付け心機一転です。

社長にも、ようやく土地開発会社より地主への営業を頼まれ、47区画開発することがまとまり、地主さん10名ぐらいと共に社長と私まで、ハワイ招待を受け、この時が私たちにとって初めての海外旅行でした。

その後、不動産業者でもミニ開発ができるようになり、開発業者の常務さんよりノウハウを教えていただき、業界トップを切って開発を始め、そのころから、ハウスメーカーさんとタイアップし、現在も、開発部門が会社の利益に大きく貢献していま す。

当時、賃貸契約書は宅建協会より購入し、カーボン紙を間に入れペンで書いておりました。重要事項説明書はB５用紙１枚でした。契約書作成は、事務所を閉めてから11時ごろまで行います。農作業の身体への重労働からみれば、夜中まで仕事しても疲れませんでした。

契約１件すれば家賃の１ヶ月分の仲介手数料を戴ける等、感謝、感謝でした。これも農業をしていたからこそ感じることなのでしょう。

お客様と会話し楽しく、楽な仕事でお金を戴いたのにもかかわらず喜んでいただき、ありがたい商売だなあと感じました。

賃貸農園を始める

ある日、農業とアパート経営していた大家さんが相談に来られ、息子さんは、銀行勤務で農業をされないし、自分も畑作業が辛くなって来たので良い方法はないでしょうか？　とのことでした。土地はまだ売りたくないというので、我が社で土地を管理させていただき、市民農園のように1区画10坪に区切り、貸し出すことになったのです。市民農園は毎年契約を行い抽選の時もあるとのこと。自社管理は、畑2カ所、約50区画、一人で2区画借りている人もいます。

また、我が社の管理地は、市内の南方面と北方面2カ所ですが、一人何年でも借りることができます。更新に来ていただき、1区画3000円から3500円、事務手数料、1500円から2000円戴いております。2カ所共貸し出す初年度のみ、我が家のトラクターで社長が耕運しました。

小さな子どもさんを連れた若夫婦から、退職して野菜を作りたいと申し出があり、トマト、キュウリ、ナス等の代表な野菜から年越す玉ねぎまで植えつけ、皆さんは上手になり喜ばれています。始めた当時、農作業の道具等も教えてくれと言われ、種の蒔き方から育て方まで聞きに来た人もおります。元農業（野菜等）のプロですので、役立つことができ良かったです。今後も、地域の農家の人たちの相談に力を尽くしていきます。

現在も、我が家の農地に野菜を作付けし、社員に食べてもらい健康になっていただくのが私の仕事の一部です。冬季は、ハウスの中の、ほうれん草、小松菜、みず菜、五月菜の朝摘み野菜を会社に持って行き社員達に配っています。

とんでもない契約者

私が留守の時、40キロ離れた地域から、「山形市内に住みたい」と賃貸物件探しに農家の長男が会社に訪れました。ちょうど社長が接客し、自分も農家の長男なのですっかり信用してもらい一戸建てに契約してくれたとのことでした。

ところが、半年後、近くの入居者より「茶髪の女の子たちと大勢で夜酒飲んで騒ぐので迷惑している」と連絡があり、社長は私に行って来るように指示したので、訪ねたところ、男性一人が玄関に出て来ました。私は契約書のコピーを持参し「聞きたいことがあるのですが、宜しいでしょうか？」と話すと「どうぞ」と奥座敷に通され、座布団をサーッとひっくり返し「奥さんどうぞお座りください」と映画の極道シーンのように感じました。この人は暴力団の組員であることを感じました。しかし、なぜか私は落ち着いていて、契約書を見せ本人確認をしたところ、別人であったことが判明。「ここに入居して良いと言われ入ったが、契約者は知らない」とのことでした。

会社に来ていただき、契約違反であるので退去を願うと、いろんなことがありましたが（省略）、結局「お母さんの言うこと聞くよ」と最後には、「お世話様でした」と退去して行きました。

業者同士で話しになり「服部さん、何十万払って退去してもらったのかな？」と一時うわさされたこともありました。しかし1円も払っていません。同じ人間なので、誠意を持って話しを聞いてあげると、トラブルにならないことを教えられました。

南東北レディス委員会　クリスマスパーティ　講師と共に

南東北レディス委員会

日管協レディス委員会との出会い

日管協会員加入後、平成12年岩手県盛岡市にて、アート不動産の桜井社長の奥様が先立ち、東北レディス委員会が開かれ参加ました。そのとき初めて北澤委員長とお会いしたのです。それから何年後かに日管協東北支部研修会で講師で来ていただいた北澤委員長とまたお目にかかり、社員と参加しました。私は、「18歳で近所の人たちに『艶ちゃん』と可愛がられながら一人で不動産業を始めた」との柔らかな口調の中にも説得力のある委員長の話に引き込まれたことが思い出されます。

当時、まだ共済会がなく日管協の研修会が主でした。その後、全国レディス委員会の研修会に東京事務局よりお誘いがあり、度々参加させていただくようになりました。クリスマスパーティも行われるようになってからは、社員も東京へ一泊しながら連れて行きました。社員は交流の雰囲気がとても楽しいと昨年のレディス委員会十九回目も参加しました。

平成18年には、東北支部レディス委員会の副委員長を引き受けてほしいと声をかけ

南東北支部海外研修マレーシアにて

南東北支部海外研修マレーシアにて

られ、東北支部役員会に出席しています。

東北6県で行っていたレディス委員会は、共済会が大規模になり、海外研修第1回目を機に北東北と南東北に別れて行事役員会をすることとなり、日管協総会（役員会）は東北支部として6県合同とし、レディス委員会は、平成24年より北東北と南東北別々に行事することとなり、私が南東北のレディス委員長となり平成27年よりレディス委員として一名増やしていただき、現在南東北支部委員会に2名出席しています。

11月には郡山（福島県）にて研修会、12月には仙台で研修会およびクリスマスパーティでプレゼント交歓。最近は、役員の男性が必ず出席し、その他社長さん、役職社員も参加してくれます。講師は女性にお願いし、南東北地元出身の元アナウンサー、旅館立て直したおかみさんたちの講演。27年濱村社長さん、28年野老社長さんに来ていただきました。

レディス委員会に於いて、曽根社長、島崎レディス副委員長始め、皆さんに声をかけて、勉強させていただき、楽しんで参りました。私にとってこれからも大きな宝となることでしょう。

忘年会（女子社員と孫）

南東北レディス委員会が年々活発になり楽しかったと参加した社員の声があるのは、役員全員が私の後押しをしてくださるからです。本当にありがたい限りです。

平成21年からは震災の年をのぞき、毎年南東北支部として海外研修に行っています。これまでに香港マカオ・上海・ベトナム・オーストラリア・マレーシア・フィリピン・台湾・ハワイの8回行っています。

日管協松坂東北支部長時代には、東北支部より推薦していただき、当時日管協北澤会長より功労賞を授与させていただいたことは本当に光栄でした。

また平成28年のレディス委員会に於いては、ワーキングウーマンの表彰式で、これも北澤委員長さんから表彰式で、表彰状をいただき、私は何と幸せ者でしょう。これも、南東北レディス齋副委員長が私に内緒で推薦してくださったり、役員の皆さんに支えていただいたお陰と感謝しております。

今後の経営者への期待

私は30数年前に転業したのも、３人の息子が大学進学しそれぞれの道に進むまでは、親の責任と思い夢中で仕事に打ち込みました。宅建協会の実務講習会に出席し、平成8年からは、更新・オーナーとの管理契約をいち早く実行しました。

平成4年には損保保険の代理店になり、平成10年までに社員を3名増やし、同時に長男が東京の会社を退社し我が社に入社。宅建を取得し、6名の社員体制で事務所が狭くなり、平成12年には近くの借地１００坪に35坪の会社を建設し、新しい社屋でスタートしました。

現在では、長男が服部不動産常務を務め、次男は一昨年より有限会社末広不動産の後継者がいないとの社長さんからの申し出ですべて我が社が南方面を引き受けることとなり、50年の歴史ある業者なので、名称は、そのままにし、専務として女子社員2名と頑張り始めたところです。現在は、末広不動産の社長も夫が、私が常務として席を置いていますが、1年でも早く独立させるつもりです。

今春には三男も今までの会社を退社して我が社に入社、本格的に不動産の勉強をしたいという、親としては、3人それぞれ助け合いながら仕事をして行くことを願うだけです。

〝ふっ〟と気づいたら、私は、仕事で走りっぱなしで、保険関係は取得したものの、肝心な宅建を取得しないまま、社長の下で二人三脚を守り、今や両会社の経理を担当しています。でも私の場合はこれで良かったと思います。なぜなら？　仕事好きな私です。主人と対等の資格を持つことになると、今頃、別々の会社を持っていたかもしれません。

やはり、会社には、社長二人はいらないのです。

社長は、土地開発、売買担当、私は賃貸、経理、そして女子社員の教育担当と分担で良かったのでしょう。

現在は、ネットの時代です。一歩一歩あゆんで来た私たちとは違っています。

これからは資格を取得しておけば、必ず役立ちます。また、不動産の仕事は女性にとても相性が良いと私は思っています。

3月で72歳となった今も何事にも興味を持ち続け、行動して行きたいと思います。

〝前進あるのみ、人生ケセラセラ〟

パートから役員への転身

上田照子
うえだ・てるこ

昭和28年6月3日生まれ
昭和47年3月　東京都立国分寺高等学校卒業
昭和47年4月　富士銀行（現・みずほ銀行）入社
昭和51年9月　富士銀行（現・みずほ銀行）退社
平成 4年4月　花沢建設株式会社　入社
平成19年4月　株式会社花沢コーポレーション　専務取締役就任　現在に至る

株式会社花沢コーポレーション
〒185-0021
東京都国分寺市南町3-23-11 花沢ビル
JR中央線国分寺駅 南口 駅前
代表　花沢 健太郎
設立
平成10年6月10日
E-mail　minami@hanazawa.co.jp
URL　http://www.hanazawa.co.jp
TEL　042-323-0111
FAX　042-323-7900
営業時間　9:00 ～18:00（お客様のご都合に合わせて18時以降も対応致します）
定休日　無休

未経験だった不動産業はパート社員からのスタート

私が花沢コーポレーションで働くことになったきっかけは、正直なところ、本当に軽い気持ちからでした。「近所の知っている会社が、チラシでパートを募集しているから応募してみようかな」というくらいだったんです。まさか、こうして取締役になるなんて、まったく想像していませんでした。

もともと私は、都市銀行に5年弱勤務していましたが、結婚を機に退社して主婦生活を送っていました。子どもが2人いますが、下の子が保育園に入ったころに、退職前に勤務していた銀行から「パートで働いてみないか」というお話があったのです。どうしようかと迷ったのですが、同居していた義母から「これからは女性が外に出る時代」と背中を押されて「では、また銀行でやってみようか」ということになりました。実は、義父は私がパートに出るのを好ましいとは思っていなかったようですが、義母から「反対があるようだったら私が間に入るから」と言われたことも心強かったです。

こうして元の職場に復職したのですが、ご存知のように、銀行の窓口にはいろいろなお得意様の企業の方がいらっしゃいます。そんなお客様の1人から、ある時「うちの会社で事務をやらないか」というお話をいただいたのです。もともと馴染みのある銀行での仕事から、まったく知らない分野への転職というのも不安がありましたが、その一方で当時の銀行は時間の制約が強いので、子どもの保育園や学校の行事に参加しづらいといった悩みも持っていたときでした。お声をかけていただいたお客様からは、銀行の支店長に正式に申し入れをして下さったこともあり、思い切って転職することにしたのです。

こちらの会社では事務の仕事を担当しましたが、こぢんまりとした家庭的な雰囲気が新鮮でした。これまで経験していたのは銀行という大きな組織だけでしたから（ちなみに我が家は夫も金融関係でしたし、夫の両親である義父、義母ももともとは銀行員という〝銀行一家〟です）。

ただ、この「家庭的な雰囲気」というのは、時としてネガティブな方向に向かってしまうこともあります。声をかけていただいた社長には大変よくしていただいていたのですが、小さいアットホームな規模だけに、ちょっとした人間関係のこじれは大きな負担となり、結局、その会社を退職することになりました。

ちょうどそんなときに目にしたのが、花沢建設の求人チラシでした。「あ、近いし、知っている会社だし、応募してみようかな」って、本当に軽い気持ちで連絡したのです。〝知っている〟というのは、単に存在を知っているという意味合いではなく、義父が銀行を退職後、数年間、花沢建設に勤務していたことがあったからです。とはいえ、もう義父の退職から年数が経っていたこともあり、特に義父のことを添えることもなく、普通にパートに応募したのです。

経理の事務かと思いきやまさかの秘書を拝命

花沢建設に入社したのは平成4年のこと。もう25年にもなるんですね。自分でも驚いています。いろいろなことがあったと言えばあったのですが、とにかく無我夢中で走ってきたので、もっと短い期間のように思われてなりません。

軽い気持ちでパートに応募したところ、当時花沢建設の二代目社長である花沢仁社長と面接することになったのですが「あの上田さんでしょ？　水臭いじゃないか、応募するなら僕に連絡をくれればよかったのに」といきなり言われてしまって。さらに単刀直入に「僕の秘書をやってもらえないか」と聞かれました。

もともと軽い気持ちで応募したこともありますし、銀行を退職してから復職する前に、半年くらいパソコンスクールで習った程度だった私は「銀行での経験から、数字にはある程度、自信があるので経理方面かな」と漠然と考えていたので、秘書と言われたのは予想外のこと。ちょうどその時、花沢社長の秘書が退職することが決まっていて、後任を探していたタイミングだったようです。こうした話の流れになったのですが、あまりの展開

花沢建設に入社したころ。右は花沢仁社長

に簡単に返事などできませんでした。

花沢社長は「できるところからやってもらえればいいから。それで、何からならできる？」と前向きに前向きに話をグイグイと進めていきます。流れに押し切られたというよりも、そのポジティブな考え方でいけば私にも何かできるのではないかと思ったことが、秘書としての入社に踏み切った最大の原因だと思います。前任の秘書の方はキャリアも豊富な〝できる秘書〟そのものでしたので、引継ぎの際にはとにかく何でも教えていただきました。特に自分にとってできないことほど、進んで教えてもらうようにしましたね。なにせ秘書という業務もさることながら、不動産という業界自体が未知の分野でしたので、右も左もわからないまま飛び込んだ以上、何でも吸収していかなければならないと、私自身も前向きな姿勢をつらぬいていたと、今振り返ると思います。

花沢社長は、外で打合せなどがあるときにも、まず会社に一度は立ち寄るのを日課にしていましたから、その日のスケジュール確認なども秘書の役目です（ちなみにその後、新宿に拠点を構えてからも、花沢社長は必ず朝一度、国分寺のオフィスに顔を出すのがルーティーンになっていて、それは今でも続いています）。

それ以外にも、いろいろなことにチャレンジさせてもらいました。「ハナ・ザ・デザイン」というチームを作らせてもらったのも、入社して間もないころでした。広告などで実績を持っているデザイナーの方と組んで、キャラクターのデザインを行ったり、名刺やパンフレット、看板のデザインなどをしたり……。バブルがはじけ、花沢グループの一事業部が独立した会社花沢コーポレーションは国分寺で創業54周年。賃貸物件の管理を行っていますが、チームで作成したキャラクター『花ちゃん』は街の人気者です。国分寺駅前の店舗など、前を通る方も多いので、もしかすると花沢コーポレーションという社名よりも、「花ちゃんの賃貸」としての知名度が高いかもしれないほど、地域では浸透しているのではないかと思っています。

「花ちゃん」と言えば、お中元やお歳暮のことも思い出されます。企業のお中元、お歳暮というと百貨店などを通じたものというイメージがあるかもしれませんが、花沢社長は品選びを秘書になったばかりの私にまかせてくれました。「国分寺という地元のカラーを出したオリジナリティのあるものはないか」と考えたところ、思いついたのが地元産の朝採りの野菜を花ちゃんのキャラクター柄の段ボールに詰めて送るというものでした。国分寺駅は中央線と西武線のターミナル駅ではありますが、歩いて十数分のところに全国名水百選にも選定されている「お鷹の道・真姿の池湧水群」という疎水や湧

地元の方々と選挙の応援

き水の池があり、きれいで豊かな水を使った農家が近隣には何軒もあります。地元の農家の方にお願いして、ご協力いただこうと思ったのです。

最初はヒールの高い靴で訪問して「いったい何をしに来たの?」という目で見られたこともありましたが、通うに連れ花沢オリジナルの畑まで作っていただけるまでの関係に成長しています。なかでも好評をいただいたのが「夏野菜ごろごろカレーセット」です。野菜は育成の時間がかかりますので、かなり前から「次は何にしましょう」を農家の方と相談しながら考えました。でも、喜んでいただけるもの、感謝の気持ちが伝わるもの、とアイディアを出すのは楽しいですよ。

もっとも農作物ですので、思わぬ事態もあり、オリジナルの畑で育てていただいていたスイカの苗が、悪天候で流されてしまったこともありました。この時、頭を抱えていると花沢社長から「スイカを届けたかったのに残念だという気持ちを文章にして送ってみたら」とアドバイスをいただきました。なるほど、そういうアプローチもあるのかと、当時は200件ほどお中元を贈っていましたが、事情を説明するお手紙を出させていただきました。農家の方もネットワークを活用して千葉県の農家で代わりのスイカを手配していただけることになり、お届け先にとってもかえって印象深いお中元になったと耳にしました。このオリジナルの手作りによるお品物制作は、現在も続いております。儀礼的になりがちな季節の贈答品も、何を選ぶのか、どのように気持ちを伝えるのか……ということを工夫するだけで、自分も楽しくなることに気づくと「仕事って何て楽しいんだろう」とつくづく実感できます。みなさんも「既に決まっている前例のあることだから」と踏襲し続けるだけでなく、仕事上で何かちょっとしたアイディアを活かした工夫をするだけで、仕事がより楽しくなると思いますよ。

不動産業での女性の活躍の場はこれからどんどん広がっていく

右も左もわからないまま秘書としての仕事がスタートしましたが、その後、グループを統括するハナザワ・ヘッドクォーター（現・花沢ホールディングス）の新宿のオフィスに移転、秘書室も移転しました。自宅近くの国分寺のオフィスから、新宿へと仕事場が移ったことは体力的にも厳しい面もありましたが、ここでは他社との協業を行っている関連会社などもあったことから、〝企業としての会社〟をさまざまな側面から見ることができました。

こうした経験を踏まえ、「花沢コーポレーションの役員昇進の話がありました。平成19年のことです。それまでの秘書としての立場と異なり、言いたくないことも言わなくてはいけないこともでてくるでしょう。当然、責任も増します。簡単には受け入れられませんでしたが、花沢社長（現・花沢ホールディングス（株）代表取締役）から「役職は邪魔にはならないから」という言葉でちょっと気が楽になったこともあり、今までとは違う仕事もできるというやりがいも感じて、拝命することにしたのです。

花沢コーポレーションの国分寺のオ

秘書室のスタッフたちと

フィスに戻って、最初にしたのは物件の掃除です。それまでの秘書の業務と異なり、オーナー様よりお預かりしている大切な物件を知るためには、物件を掃除して回るのが一番だと思ったからです。

また、「就業時間を徹底しないと」と実感したのも役員になってからのことです。私自身は、その週の仕事はその週に終えたい性格なので、残業や休日出勤でカバーするということも以前はしていましたが、社員の生活や家庭のことも考えると、長時間勤務はマイナスだと考えるようになりました。花沢コーポレーションでは数年前から完全週休2日制としていますが、営業担当の人も9時～18時という勤務時間をできる範囲で実施するようにしています。特に引っ越しシーズン前になると、ほとんどの賃貸仲介の店舗は夜でも電気がついているのが常識かもしれません。管理物件のオーナー様にとってみれば「もう終業しているの？」と思われるかもしれません。でも、働きやすい環境で長年勤務してもらえる会社でないと、社員の生活は守れないと思っています。

特に不動産業界は離職率が高いですし、長時間勤務を強いられることは、特に女性にとって長く勤めることができない最大の原因でしょう。私の経験からすると、2年や3年では本当の意味での仕事の達成感は感じられないと思います。そのためにも、就業時間内にできるだけ仕事が終わるよう工夫をし、プライベートの時間を作ることが大切だと思います。

最近では在宅勤務など、多様な働き方が広がっていますよね。これは女性にとって仕事を続けるうえで、大きな追い風だと思います。自由度の高いワークスタイルって、実はコンパクトな会社のほうが対応しやすいんですよね。社員1人1人の事情にあわせて、たとえば「幼稚園の送迎で9時出社に間に合わない」という社員がいるなら、その人は10時出社として、その1時間の業務内で足らない

子どもが保育園にいたころのお母さんたちと

ことがあれば、他の社員がちょっとずつ補えばいいじゃないですか。

実は、社員の実状に働き方を合わせるという土壌は、花沢グループでは以前からありました。産休を取っていた経理の女性が復職した時に、やはり保育園との関係で当時の就業時間と合わないということがあったのですが、彼女の実状にあわせて就業規則を変えたこともありました。私も驚きましたが、やむを得ずと思いますが、会社に赤ちゃんを連れてくる人がいました。ほんの1～2時間のことでしたが、その間、当時の花沢社長が赤ちゃんを抱っこしてあやしていたこともありましたね。

私自身も、椎間板ヘルニアで入院したことがありました。退院後も、しばらくは車いすでの生活だったのですが、「それならば車いす用のデスクを購入しよう」と配慮していただいたことで、仕事を続けることができました。

我が家でも義父と私が、同時には在籍していないものの同じグループで働いていましたが、家族や子どもが2代、3代と入社するような働きやすい会社が理想でしょう。気働きができることは女性の長所ですので、管理物件やオーナー様、ご入居者様にも細かい気遣いのできる女性は、不動産業には向いていると思います。これまでは日本古来の労働風習や業界の常識に捕らえられて、長く働くことが難しかったのですが、その環境は徐々にではありますが変わってきています。長い年月、働くことのできる環境の会社を見つける、あるいは自分で作り上げることが、不動産業界で働く女性に求められているのではないでしょうか。

経営者が忘れてはいけないのは感謝の心と笑顔

私が仕事を続けてこられたのは、働きやすい環境を整えてもらえた会社と、そして家族の支えもあってのことです。パートとして働き始めたころには、保育園の送迎を義母にお願いしていたこともあります。夫や子どもの理解も必要でした。

花沢代表取締役と女優の仁科オーナーを囲んで

それだけに家族への感謝は常に意識しています。子どもの学校行事には優先して出席していました。休みの日はできるだけ家族と過ごし、旅行にも行きます。常に子どもが視界に入るようにキッチンも対面型にリフォームもしました。それ以上に心がけているのは、常に「ありがとう」という〝言葉〟で感謝の気持ちを表すことです。「ありがとう」という言葉は、1日に何度も口にします。家庭や仕事で、ちょっとしたすれ違いが起こっても、このひと言で解消できることは多いのです。感謝の気持ちを持って、それを言葉で表すことは、経営者として仕事をするうえで必要なことだと思います。

そしてもうひとつ忘れてはならないのは笑顔です。何があっても笑顔です。失敗しても笑顔です。笑顔でいることが自分にとっても周りにとっても、気持ちの切り替えになります。この本をお読みの方には小さな鏡を常に持ち歩くことをお勧めします。何か困ったことに直面したら、小さな鏡を見てください。鏡を見て「さぁ、笑顔でいこう」とスイッチを切り替えてください。

感謝の心と笑顔は、不動産業での仕事だけでなく、人生そのものをうまく進めていくのに、きっと役立つはずですよ。

紡ぎ続けて

東福信子
とうふく・のぶこ

株式会社東悠エステート　代表取締役
渋谷区在住。
東洋女子短期大学英文学科昭和55年卒業　卒業後日清製油㈱勤務 昭和57年当社入社 現在に至る。
資格：宅地建物取引士
趣味：歌、映画鑑賞、ゴルフ
好きな言葉：「一期一会」「誠心誠意」「慈愛」
公益社団法人東京都宅地建物取引業協会会員
同 目黒区支部レディース会会長
同 目黒区支部情報委員長
同 目黒区出向相談員
株式会社東悠エステート　事業内容、土地戸建分譲、利回り物件開発保有、管理
〒153-0064　東京都目黒区下目黒4-23-12
TEL03-3714-7201 FAX03-3714-8288
http://www.toyu-estate.co.jp
mail:info@toyu-estate.co.jp

しばらくのあいだ、「月」でありつづけていた多くの女性が「元始の太陽」に返り咲き始めています。

密かに、そして息を潜めながら「陽だまりのように柔らかく照らす太陽である者」、あるいは天高く在りながら「広大な大地をしっかりと照らす太陽である者」と、輝き方はそれぞれさまざまですが……。

しかし、それは確かに、そして確実に、「女性が元始の太陽に返り咲き」凛として輝ける時の流れが訪れている事を私たち女性は知っています。

長い時を紡ぎながら、過去から現在へ現在から未来へと、女性が元始の太陽として輝きを取り戻しつつあるこの様を、普段は意識せず目に見えることがなくとも、不思議なことに「紡ぎの音色」としてこの世界に奏でていて、静かに、そしてしっかりと、その紡ぎの音を心地よく響かせています。

娘の出産のときに聴いた音色

ニューヨークのとある産科の病室で私の娘の出産に立ち会っていた時に、生まれてきたその新しい命の息吹の鳴き声を聴きながら、私は確かにその「紡ぎの音色」も合わせて聞いていていました。

初めのうちは小さい「音色」でしたが、新しい命の産声と共にその「音色」は次第に大きくなっていき、産声が落ち着くころにはその「音色」も日常の時の中に自然に溶け込んでいてそして凛として私の母や、私や、娘や、生れたばかりのその新しい娘の娘と共にありました。

人は、人生の中で運命と向き合うための「大事な時間」に幾度となく出会い、そして、その出会った「大事な時間」というひとつのシーンの中に於いて、自分自身を含め関わるすべての「人々」や「物」との間で、相互に蠢くその人生の重要な相関図を見つめることがあります。

その幾度となく訪れる「大事な時間」の中でも、時に女性は今回の出産のように、十月十日もの間、文字通り自分自身の肉体とその命を懸けながら、男性が味わうことのできない「生み出す痛み」と、「育みと言う喜び」とそして「生み出す喜び」と、「子どもと共に、母として自分が成長していく喜び」を味わうことができ、男性では決して得ることのできない思いを体感する機会に恵まれることがあります。

私自身も、母から生まれた娘であり、私が生んだ娘の母でもあり、娘が生んでくれた「娘」の祖母の立場でもあり、何より女性であるという理由によって、今正に私はその思いを、娘が出産を経験する時に立ち会い、過去の私を思い起こしながら、今再びその思いを経験しています。

母が築いてきた不動産会社を引き継ぐことになった私

思えば私が不動産業の社長に就任した当時、一般的な暮らしの中に生きる「月である女性」は、人生の大半を「家」という場所で過ごし、家族の笑顔を願い、子の成長を喜び、子の元気な巣立ちを願いながら自分の人生を生きていくのが当然とされるなか、家族全員の喜びのために休みなく行う家事・育児・炊事・生活・就寝の柱となるその「家」という大切な場所を、自分自身の思いや希望によって選択することが許されないという女性が大多数でした。

「女性が月である」ことがその理由ではなく、家族が健康に恵まれ喜びが溢れ、楽しく生活するための方法を、住まうその「家」にどのように反映させるべきなのか、そのような知識が女性には不足していた時代であり、また当時の女性は「望む多くのことを言葉にはしない」ことが美徳とされる時代であったため、女性が男性よりも多くその時を過ごす場所であるわが家の「家造り」に声を届けることはせず、家に求める要求は男性が決めて発言するものであるという風潮となり、それが長らく続いたことにより女性は「月」であることに努めることになっていったのです。

言い換えるとそれらのことが当たり前として世間には受け入れられていて、女性は月として生きることが当然であると、女性自身も肯定する事態となり、平塚らいちょうの「元始女性は太陽であった」との明治初期の文に謳われるように、過去形として扱われる時代がつい先日まで、本当に長らく続いていたのです。

まだまだそのようなことが当たり前だった時代に、母が築いてきたこの「東悠エステート」社を私が継いで代表取締役となったときに、私自身を含め「月」であることに徹してきた女性に対して、まずは「住まう女性が本当に笑顔になれるための家」を提供していくことを心に誓いました。

とても懐かしい思い出のなか、その誓いを立てたときにも私は、今聞いている音と同じ「紡ぎの音」をしっかりと聞いていたことを思い起こしました。

一つ、「母から子へ、健やかに豊かにと願うその思いが叶う家」
一つ、「住まう家族が喜びで満たされて笑顔になれる家」
一つ、「健康の源である食事作りが楽しくなる家」
一つ、「誰に言われずとも家族が自然と一堂に笑顔で集う部屋がある家」
一つ、「家計を預かる女性にとって、少しでもお財布に優しい金額で買えることのできる家」

こうやって今、ここにその時の思いを改めて文字にしてみますと、私自身でみても何だかとても当たり前のことが記されているように感じます。

でもその当時、この文字に込められた共通する大切な思いは「女性の目線」から見た切なる願いが込められており、その当時それは決して当たり前ではなかったということなのです。

キッチンの開口部をより家の中心に設け、明るく対面型にし、炊事をしながら家族と語らうことができるようにしたり、リビングをすべての家族が通る所に設けて家族の皆が自然に集えるようにしたりと、今はどの住宅でも当たり前の設計となりましたが、私の母の若き時代には、どの家庭でも一般的に北側の隅に女性の働く台所があり、南側で日当たりの良い所には、いつか訪れる誰かのお客様のために、一番良い場所に客間を設置することが当たり前とされていました。

それでも多くの女性はそのことをただただ受け入れていたのですが、当社の創業者である私の母は、販売用の住宅を設計する際には積極的に、そして大胆にこれまでの習わしを見直し、女性にとって快適な家を求め続け、その形をプランに現すことを積極的に進めておりました。

そんな母の元で育った私も自然とそのように販売用の住宅プランを考えるように育ち、母から代表職を受け継いだ時に高らかに宣言した先述の誓いは、こうやって改めて思い起こしてみますと、自分自身の顔に照れ笑いが出て参ります。

その当時の私は、自分の力で一人前の社長としてスタートしていたつもりでしたが、何のことはない、母の暖かく大きな思いの中で紡がれた「母から娘への思い」が、ただ単に私の口元から出て現れていたのだと、今更ながら気づかされました。

女性の思いをとり入れた家造り

家造りにおきまして、女性のさまざまな思いを叶えていきますと、その思いの大きさに比例して間取りも家の大きさも大きくなって参ります。

皆さんはすでにご存知のとおり、建築する家の大きさと建築費は比例していて、面積の大きさが住宅の販売価格に跳ね返って高価な住宅となっていきます。

それは至極当たり前のことだったのですが、自分の誓いの中でお財布にも優しい住宅販売を目指すと宣言していましたので、そんな女性の大切な思いをできる限り取り入れた住宅のプランを実現しようとした結果が、高価な住宅になっています。

そんな現実を見つめていると溜め息まじりに頭を横切る言葉が……「言うは易し、行うは難し」と、よくいわれる言葉。

正にこの言葉に現れるようにこの問題は次第に大きくなり、どうしようもない大きな悩みとして私の中にのしかかりました。

女性の声を可能な限り反映させたプランを提供したい。

しかしながらお財布にも優しい住宅にしたいという、お互いに相容れないその反対向きのベクトルのズレをどう解決したものか、私は大いに悩み、何度も何度もその壁にぶち当たって苦慮しておりました。

よく眺めるようになった会社の前にたたずむその木の枝に、桜の花が咲き、そしてその桜の花が潔く散っていく。

会社を担うようになってから早くも私は、その様子を3度ほど眺めたころになっていて、大いに私の頭を悩ませていました。

今年の桜の花も相変わらず同じように咲いていて、散り際になっても何も応えず、ただただ潔く去っていくものかと思っていた、ちょうどその時に、私の悩みは意外な女性の会話と行動でほぐされていくこととなり、私の悩みが満開の桜が咲き誇るように解決されることになりました。

ちょうどそのころ、私の実の妹が自身の住まいを建てることになったのですが、可能な限り女性が笑顔で家事がこなせて、住まう家族が笑顔で溢れていて、家事をする者がしっかりと片付けができて、家族皆の健康が得られる住宅プランにしたいとの思い。もちろんそんな思いは私も望んでいましたが、何より彼女自身その思いに対する情熱が人一倍に強く、その妹の思いをしっかりとうけとめながら、私は平面図に起こしていきました。

私たち姉妹の会話に母も加わって、プランはどんどんと膨らんでいきましたが、

（母）東福一美会長と（妹）笹部行子専務と

書き上げたプランを見ると、それはもう素敵なものでした。

そこで、でき上がったプランを元に最後はコストを積算していくのですが、その数字はあらかじめ予想していた数字よりも大きなものとなりました。

可能な限り妹の思いをプランどおり実現したいと思ったのですが、その数字を見たとき、プランの内どこをあきらめるべきか私の思いは複雑でした。

妹にそれを告げるために言葉を皮切ろうとしたその時、それを遮るように笑顔で妹が語り始めました。

その時に紡がれて出た私の妹の言葉は、とても素敵な語らいであり、そして予想外のものでした。

「プランのすべてを実現するために……」と、私の妹は言葉を切り出したのです。

そしてその後に続く彼女の言葉は、私が悩みに悩んでいたことへの解決の答えとなりました。

それからすっかりと季節は巡り、桜の花びらの鮮やかさが懐かしくなる季節が訪れていて、燦々と熱い夏の日差しが皆の頭上に降り注ぐその日、東京の山の手の中で私たち姉妹が最も好きな城南エリアに建つ妹の新居に招かれて、私は喜びで迎える真新しい香りがする彼女の家を訪れていました。

彼女の望んだプランはすべて叶えられており、案内されたそれぞれの間取りを一通り眺め終わり、中央に配置された素敵なリビングで、ついこの間のように感じられる桜の花が咲いていていた時に思いは遡り、大いに妹と語りあいました。


山の手の城南エリアで建てる条件をマスト事項とし、彼女の望む全プランを実現し、お財布にも優しい住宅を建てるために妹の声が紡いで出たその言葉は「旧法の借地権の土地に家を建てる」という、当時は驚くべき提案だったのです。


借地権にすることにより、たとえば30坪の土地と建築に掛かる費用が全体で約3000万円も安くなるという、それはそれは目を見張る手法だったのです。

借地権の場合、所有権の土地の取得に比較して負担が軽くなった約3000万円で女性の願いの声のとおりに建物のプランを充実させることができ、一切の妥協を許さずにさまざまな思い入れのある女性の声が活かせる住宅が提供できるのです。

実際に妹の住宅はそんな私の夢も妹の夢も叶えた素敵なものとなっていて、妹はも

最初の旧法借地権土地分譲住宅

ちろんですが、私の心をも大いに満足させていたのです。

ここでとても大切なポイントは「旧法の借地権」であるというところです。単なる借地権と異なり、「旧法の借地権」で得るすべての権利を子や孫に相続することが可能であり、また「旧法の借地権」は建物を建てると金融機関に対して担保に供することが可能な権利ですので、これはもう土地を購入する場合の「所有権」の効果とほぼ同等の効果を取得することが叶うのだということなのです。

さらには所有権とは異なり、あくまでも賃借であることから、土地に掛かる不動産登録免許税や不動産取得税が不要、さらには子や孫に相続させる時の相続税も非常に低額に節約することができるのです。

もちろん、借地であることから地主さんに対しては「借地料（地代）」を支払う義務が生じるのですが、土地購入時に定まる借入れの金利とは、比較にならないほど少額であることは言うまでもありません。

妹の住まいで実証されたこの「旧法の借地権」を活用した新築物件の効果をより多くの女性と分かち合いたくなった私は、早速妹に対してあるお願いをすることにしました。

その当時、大手の広告会社に勤務していた妹は、東京はもちろん、関西や北陸、そして名古屋、古都京都、商人の街大阪にと、目まぐるしく飛び回っており、大手の広告代理店では珍しがられるほど、男性と同等に大きな成果を上げている只中にありました。

しかしここは姉妹という絆と「姉」という自分の立場に甘んじて、さらり紡いだ私の言葉は「母の創ったこの会社を担う私を、これかれもずっと手伝って欲しい」と願い出たのでした。

私と異なり、妹は営業力に長けており実務で必要とされる条件の調査、書類の作成や具備などスーパーウーマンでしたので、山の手の城南エリアにおいて、当社の現在の主力商品である「旧法の借地権」を活用する分譲住宅建築と販売を行っていくうえで、絶対に必要とされる人財であることが私にはわかっていたからです。

当社旧法借地権土地付分譲住宅

母からの紡ぎ続ける言葉

さて、ニューヨークでは日本の事情と異なり出産が済むと翌日には退院し家に戻るのですが、元気に鳴き声を聴かせてくれる可愛い赤ちゃんとは異なり、結構な難産の直後であるためか、私の娘は身体が上げる悲鳴に堪えています。

そんなニューヨークの建物はどれも古く、経過年数が1世紀の建物も珍しくないのですが、そんな建物の持つ哀愁が、このニューヨークという大都会のこの街でほどよく景観に味を添え、二百有余年の短いこの国の歴史にしっかりとした重みとなって上手に演出されているのです。

しかし、防音効果のない壁の作りがひっきりなしに通る表の車の音を、容赦なく部屋に響かせています。

時折表の通りで歌う人の声や、建物の補修工事の音など、賑やか過ぎるそれらの音がベッドで横になっている娘の耳元と、まだ生まれて1日の元気な赤ちゃんの耳もとにも容赦なく届いています。

横になったままの娘に「大丈夫?」と尋ねると、娘からはただ「ありがとう」と応えが返ってきました。

その返事を聞いた私は少し戸惑いながら、私の傍らで笑みを浮かべる私の母に目を合わせると、「あんたもあの時そう応えていたね」と母が呟きました。

母のその言葉で、私は「あっ」と声にならない声と共に時を遡ると、記憶の隅にあった光景が蘇り、そこには娘を生んだばかりの若い私がいて、その横にいる若き母に向かって「ありがとう、ありがとう」って私は告げていました。

若き日の私の母も、私に「大丈夫?」って聴いてくれている一コマの場面でした。

普段は聴こえない「紡ぎ続ける」その音色の揺らめきが想い出と共に、確かに私の目頭と心と手を揺らして熱くなり、そしてその熱くなった手から私の娘にもその思いの音色が伝わり、この喧騒の中にいてもしっかりとした紡ぎの音として伝わり、その音色は喜びの滴として降ってきて、皆の目頭をそっと熱くしていました。

赤ちゃんが無事に初めての検診を済ませるころ、私の娘は、旦那様に赤ちゃんを抱っこしてもらいながら、その横で将来家族で所有したい家の希望をあれこれと語っています。

私の娘なので、それはもうとてもたくさんの希望があるようで、そのすべてを実現したいらしくて、旦那様にあれこれと彼女の思いを遠慮することなく語っています。子どもをあやしながら、彼女の夫は一所懸命に相槌を打っていたのです。

それを眺めながら、私は心の中で次のように思うのです。

「元始女性は太陽であった」

その時代から

「今日女性は太陽である」

という時代になったのではないかと。

如月から弥生が近づいてきた時に、私以上に元気な母と私は、ケネディ空港から飛行機でニューヨークを飛び立ち、すでに羽田を目指していて、後2時間もすると東京の懐かしくて眩しい明かりが飛行機の中からでも確認できるようになります。

特にこの東京という大都会の中でも、城南と呼ばれるこの地域は、空から見下ろしても地上を歩いていても美しい地域であり、私と妹がこよなく愛して止まない地域であり、当社ビジネスの基軸エリア。

「ニューヨークも良かったけどやっぱり東京の城南はいいね」と、やがて着陸する飛行機の中で母が私に話しています。

今更ながらではあるのですが、あえて記しますと、私と、当社の専務として活躍している私の妹が「城南エリア好き」なのは、もちろん私たちの母親譲りから来ています。

最後に

時はとめどなく紡ぎ続けていて、今日もまた紡ぎの音色を奏でています。時折その音色は耳に聴こえてきて私たちの心に触れて懐かしさと感謝の気持ちを思い起こさせます。

でも、聴こえない時でもその音色は決して止むことはありません。ですから、時折私たち女性はその音色に耳を傾けて、そしてその音色に触れることはとても大切なことなのです。

女性はもはや月ではなく太陽に返り咲きました。

これからも女性が太陽であり続けるために、私たち女性は「家」の中に集う家族を中心に、さまざまな思いの音色を未来へ紡いでいく必要があります。

母から貴女へ、貴女から娘へ、娘から孫へと紡がれていくその大切な思いが集う

「家」は、私たち不動産業を担うものが心を込めて「そこに笑顔で集うことを願うお客様」をしっかりとエスコートしていく必要があります。

そのためにも不動産業を営む私たち女性経営者は、これまで数多く紡がれて来たその思いの音色と、これから未来へ紡がれていく大切な思いの音色に、これからもしっかりと耳を傾けていく必要があります。

母が私に紡いでくれた音色
妹が私に紡いでくれた音色
私が子に対して紡いだ音色
その子がさらに孫に対して紡いでくれる音色

私たちが紡ぎ続けていくのは、仕事として商う「家」ではなく、その家に集う家族が紡ぐ「大切な家族への思い」なのです。
私たち不動産業は、その大切な思いを「家」を通してそこに集うご家族が、その大切な思いの音色を紡ぎ続けるようお手伝いをしています。

不動産をお仕事として担う私たち女性が凛として生きるために大切なこと、それは、「家」に住まう女性が紡ぎ続ける家族への思いにしっかりと寄り添い続けることなのです。

まだ「月である女性」には家族のために、これから未来に向けて紡ぎ続ける思いの音色が「月」から「太陽」となるお手伝いを。

すでに「太陽である女性」には、これから未来に向けて紡ぎ続ける思いの音色が家族のためにさらに暖かく「燦々と輝ける太陽」であり続けるためのお手伝いを。

これまでも、そして、これからも。

それが私の使命です。

第3章 ＊ 不動産女性塾の活動

「不動産女性塾」発足について

●発足にあたっての思い

1 不動産業界に恩返しをしたい！
2 不動産業界で働く女性たちを次世代に継なぎたい！
3 不動産業界のイメージアップを図りたい！

●参加にあたって

入会金等は一切不要。講演会時の会費のみ、ご負担いただきます。

●講演会等

隔月で開催する予定。

主な活動内容

・さまざまな業界で仕事をする女性たちのネットワークづくり
・塾運営陣および塾生同士による情報発信と情報の共有化
・セミナーおよび交流会の開催
・「不動産女性塾」メンバーによる書籍出版
・「女性が活躍できる社会」に向けた啓発活動と提言
・イベント開催

発足メンバー

塾長　北澤　艶子　北澤商事株式会社（東京都足立区）代表取締役会長
副塾長　野老　真理子　大里綜合管理株式会社（千葉県大網白里市）代表取締役
副塾長　武藤　正子　株式会社すまいる情報光が丘（東京都練馬区）代表取締役
副塾長兼事務局長　曽根　恵子　株式会社夢相続（東京都中央区）代表取締役
顧　問　近藤　紀一　NPO法人日本レジデンシャル・セールスプランナー協会顧問

第1回交流会

不動産女性塾
はじめます
発足メンバー
塾長（不動産業60年）
北澤商事株式会社
北澤艶子
副塾長（不動産業37年）
株式会社すまいる情報 光ヶ丘
武藤正子
副塾長（不動産業32年）
大里総合管理株式会社
野老真理子
副塾長・事務局兼務（不動産業35年）
株式会社夢相続
曽根惠子
第1回
交流会
（事前申込制）
[日 時] ▶▶▶ 2016年11月11日（金） PM18：30〜PM20：00
[会 場] ▶▶▶ JBCビジネスラウンジ
（東京都中央区銀座7-4-12 銀座メディカルビル 8F）
※旧ぎょうせいビル
[会 費] ▶▶▶ 5,000円（軽食＆ドリンク代）
●不産女性塾とは
不動産に関わる仕事をする女性経営者や実務経験者を中心として組織し、親睦を深めながら、互いの人間的成　長をめざして切磋琢磨する場です。それぞれが培った経験や体験を情報発信し、共有することで互いに研鑽しながら、不動産に関わる次世代の育成につながるような活動を致します。「不動産女性塾」として情報発信や活動をすることが、不動産に関わる仕事に携わる女性たちのパワーの元になり、次世代の女性が活躍できる社会を実現する一助になることを目指します。
●活動内容
不動産に関わる仕事をする女性たちのネットワークづくり、「不動産女性塾」メンバーの情報発信や情報の共有化、セミナーや交流会の開催　女性たちの能力開発の支援　「不動産女性塾」メンバーによる書籍出版、女性が活躍できる社会になるような啓蒙および提言活動、その他関連する活動全般

第１回セミナー

不動産女性塾
第一回セミナー
不動産業界＆経済界をリードする女性パワーに学ぶ

☆日本賃貸管理協会
初の女性会長歴任
塾長
北澤 艶子（きたざわ・つやこ）

北澤商事株式会社
代表取締役会長

公益社団法人首都圏
不動産公正取引協議会
指導調査委員
宅地建物取引士
賃貸住宅経営管理士
不動産アナリスト

☆女性初の浦安商工会議所会頭
ゲスト
柳内 光子（やない・みつこ）

山一興産株式会社
山一産協株式会社
代表取締役社長

社会福祉法人江戸川豊生会
理事長
医療法人社団健勝会常務理事
学校法人草苑学園学園長
社団法人浦安観光コンベンション協会会長

◇日時：平成２９年１月１１日（水）
18:00～20:30
◇場所：東京ベイ舞浜ホテルクラブリゾート
12階（最上階）　ジュアン
◇会費：８，０００円
（パーティー・ディナー・フリードリンク代含）

住所：千葉県浦安市舞浜1-7
TEL：047-350-3575

第2回セミナー

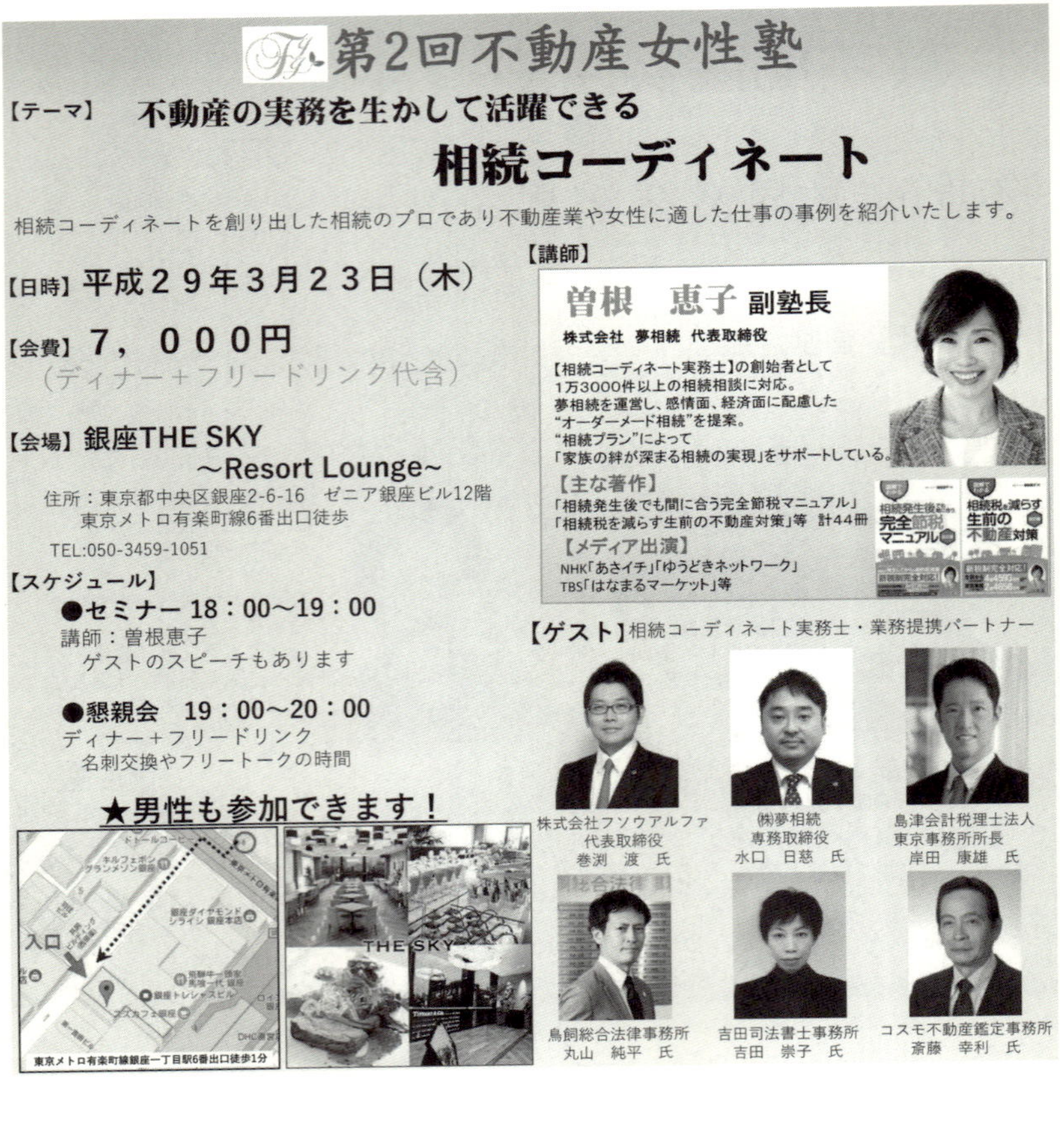

第2回不動産女性塾

【テーマ】　不動産の実務を生かして活躍できる

相続コーディネート

相続コーディネートを創り出した相続のプロであり不動産業や女性に適した仕事の事例を紹介いたします。

【日時】平成２９年３月２３日（木）

【会費】７，０００円
（ディナー＋フリードリンク代含）

【会場】銀座THE SKY
～Resort Lounge～
住所：東京都中央区銀座2-6-16　ゼニア銀座ビル12階
東京メトロ有楽町線6番出口徒歩
TEL:050-3459-1051

【スケジュール】

●セミナー 18：00～19：00
講師：曽根恵子
ゲストのスピーチもあります

●懇親会　19：00～20：00
ディナー＋フリードリンク
名刺交換やフリートークの時間

★男性も参加できます！

東京メトロ有楽町線銀座一丁目駅6番出口徒歩1分

【講師】

曽根　恵子 副塾長
株式会社　夢相続　代表取締役

【相続コーディネート実務士】の創始者として
1万3000件以上の相続相談に対応。
夢相続を運営し、感情面、経済面に配慮した
"オーダーメード相続"を提案。
"相続プラン"によって
「家族の絆が深まる相続の実現」をサポートしている。

【主な著作】
「相続発生後でも間に合う完全節税マニュアル」
「相続税を減らす生前の不動産対策」等　計44冊

【メディア出演】
NHK「あさイチ」「ゆうどきネットワーク」
TBS「はなまるマーケット」等

【ゲスト】相続コーディネート実務士・業務提携パートナー

株式会社フソウアルファ
代表取締役
巻渕　渡　氏

㈱夢相続
専務取締役
水口　日慈　氏

島津会計税理士法人
東京事務所所長
岸田　康雄　氏

鳥飼総合法律事務所
丸山　純平　氏

吉田司法書士事務所
吉田　崇子　氏

コスモ不動産鑑定事務所
斎藤　幸利　氏

第3回セミナー

第3回不動産女性塾

【テーマ】　①地域仲介シェア６割。光が丘ナンバーワン店への道
　　　　　　そのノウハウとは？

　　　　　　②色にまつわる、いろいろなお話し

【日時】平成２９年5月２４日（水）

【会費】７，０００円
（ディナー＋フリードリンク代含）

【会場】ホテルカデンツァ光が丘
　　　　２階コスモスの間（定員）３０名

住所：東京都練馬区高松5-8　J.CITY
アクセス：大江戸線光が丘駅　徒歩10分　送迎バスあり
TEL:03-5372-4411（代表）

【スケジュール】

●セミナー 18：00～19：10
講師：武藤正子　　　　　　【17：45開場】
ゲストスピーカー桜井輝子氏

●懇親会　19：15～20：30
ディナー＋フリードリンク（22Ｆ Ｊビーゴにて）
名刺交換や夜景を見ながらベルギービールやワインを。

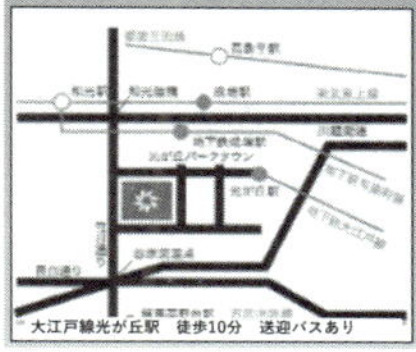

【講師】

武藤　正子　副塾長

株式会社すまいる情報光が丘　代表取締役

東京23区内最大スケールの団地
「光が丘パークタウン」の仲介専門店として
開業29年目。
今日までに1,078件の売買仲介を行ってきた。
また、開設以来、地域に役立つミニコミ紙
「週刊すまいる情報」を発行し、1170号を
迎えている。その仕事が評価され、2002年に
全国商工会議所女性連合会主催の「第1回
女性企業家大賞」で特別賞を受賞した。

公認不動産コンサルティングマスター
ファイナンシャルプランナー
行政書士資格
宅地建物取引士
日本マンション学会会員
日本ファイナンシャルプランナーズ協会会員

桜井　輝子氏

東京カラーズ株式会社　代表取締役

人に役立つ色彩の提案、企業の商品を
より魅力的に演出するための
カラーコンサルティングや研修、
大学・専門学校での色彩学講師、
色彩教材の企画制作など、色にまつわる
さまざまな分野で活躍。
2014年に日本人としてはじめて
スウェーデン国家規格ナチュラル
カラーシステム（NCS）の認定講師
資格を取得し、その普及に努めている。

日本色彩学会正会員
国際カラーデザイン協会カラーデザインマスター
色彩検定協会認定色彩講師
東京商工会議所カラーコーディネーター検定試験認定講師
インテリアコーディネーター。

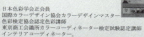

不動産業界の理想と現実〜女性社長の本音から〜

3回のセミナーでのアンケート結果からわかったことをここにまとめました。

表記した人数は延べ人数ですので、複数回参加した方は回答が重複しています。

問1　不動産女性塾に参加された理由

同じ業界で活躍されている女性の方の話が聞きたかったので（13名）

同じ業界での女性とのネットワークづくりをしたい（6名）

塾の活動方針に興味を持ったため（3名）

問2　特に良かった、または印象に残った内容、本日の感想

大きなパワーを感じ取れた（11名）

刺激になり、感銘を受けた（7名）

仕事、業界、会社への熱い想いが伝わった（5名）

今後の自分に影響を受けた（5名）

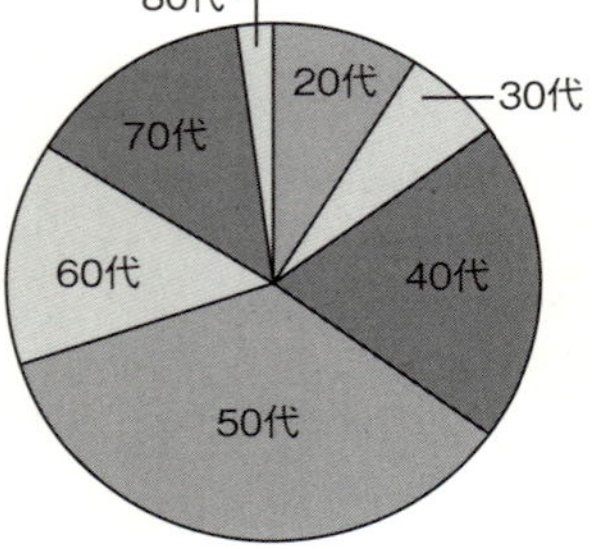

自称年齢

（これは、あくまでもアンケートを行った結果、ご自分の年齢を書かれた方に限った数値です）

今後の業務の勉強になった（５名）

問３　今後取り上げてほしいテーマや講師

・海外不動産の売買の方法（セミナー式あるいは視察など）（２名）
・インスペクション（２名）
・女性の管理職の在り方等
・経営に関するお話、仕事に関するお話。
　女性が統括して仕事を続けていくために、その経験等
・相続等の税の面
・賃貸物件の稼働率アップについて
・中古物件のバリューアップの方法
・会社の立ち上げから今に至るまで苦労したこと、
　またそれをどのように乗り越えることができたのか
・家族信託
・今後の仲介業の生き残り方
・これからの不動産業（それぞれの分野）の展望とポイント
・リフォーム業社の選び方
・社員教育や社員とのかかわり方
・塾長、副塾長の話の深堀
・諸先輩方の仕事の流儀を伺い自らの指針にしたい

おわりに

副塾長　武藤正子

不動産仲介の仕事に携わって38年。光が丘に営業拠点を開設して30年になろうとしています。当時の不動産売買は圧倒的に男性の営業マンが多く、電話をとると「男性の営業の人出して」などと言われることも多々ありました。それが逆に私を奮発させる原動力にもなりました。

業界では女性は大きな金額の不動産を取り扱うことが難しいのではないか、という風潮があったのは事実でした。しかし、地域密着ならば逆に断然女性の方が粘り強く、コツコツと信用を積み重ね、ナンバーワン店になれるのです。また、独立しやすいのもこの業界ならではと思います。そして何より、いくつになっても仕事ができるのも不動産業ならではと思うのです。なぜなら常々私は、不動産仲介業はサービス業。そして突き詰めると問題解決業として捉えています。個々の人生の節目節目に大きく関わることのできる仕事を天職と思い、喜びを感じています。

この「不動産女性塾」の活動を通して、一人でも多くの女性たちが凛として輝き、羽ばたける社会への一助になればと願ってやみません。

副塾長　曽根恵子

不動産業を始めて35年。お手本がないまま「不動産コンサルティング」に取り組み、「相続コーディネート」を創り出してきました。不動産業はいろいろな可能性があり、本当にいい仕事だと思っています。平成11年から書籍を44冊出していますが、相続やコンサルティングのノウハウを公開することで不動産業界に貢献し、イメージアップの一助になればという思いで継続してきました。不動産業は士業などの業務よりもはるかに自由度があり、女性の発想や柔らかさを活かせば男性以上に活躍できる仕事でもあります。もっと女性が活躍しやすい道筋をつけてアピールしていきたいと考えておりましたので、北澤塾長に賛同して「不動産女性塾」を始めることにしました。私たちの実績や思いを「不動産女性塾」の活動で伝え、残していくことで輪を広げて次世代にもつなげたいと思います。

副塾長　野老真理子

不動産の仕事を始めて33年、大里の責任者になって23年が経ちました。不動産という職業、大網という地方、小さいという組織、女性という社長の4つのデメリット？　を覆そうと、人生の大半をこの仕事に、この会社づくりに使って来ました。不動産という職業の素晴らしさ、豊かな自然や人情のある地方、小さいという優位性、女性の持つ先進性を、この仕事を通して私は心底感じていたからこそ、自分の努力や成長を通して理解の輪が広がればいいと願って来ました。後悔はありません。しかし、全身全霊を持って取り組んでもなお、上記の4つが時代を支えていると思われるためには、さらなる努力や工夫が求められます。今回の出版はそんな一助になると思います。不動産業に携わる女性たちが思いの丈を語ることで理解の輪が広がることを期待したいと思います。

データで見る
不動産業での女性の在り方

図1　上場企業の女性役員数の推移

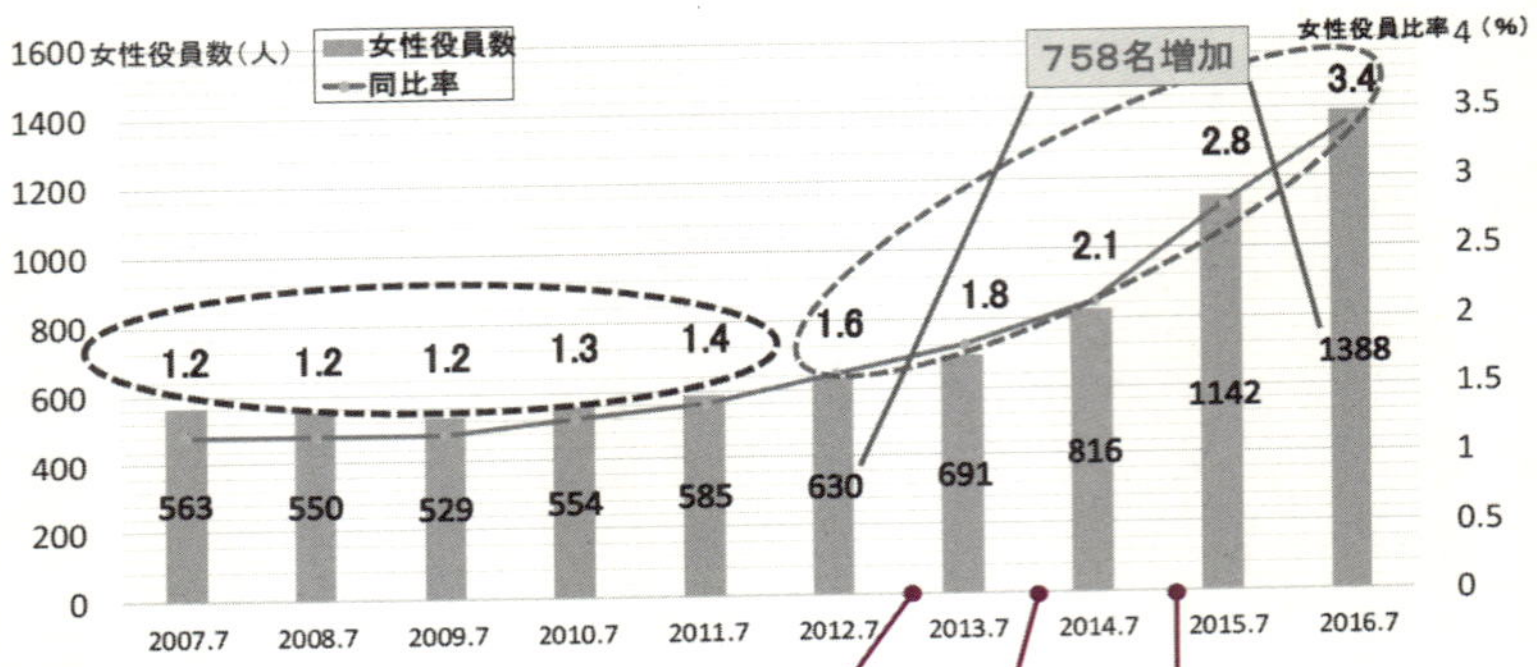

出典：東洋経済新報社「役員四季報」（2017年版）

注）調査時点は原則として各年7月31日現在。調査対象は、全上場企業。ジャスダック上場会社を含む。

「役員」は、取締役、監査役、指名委員会等設置会社の代表執行役及び執行役

総理から経済団体への要請①（2013年4月）
①上場企業は役員に1人は女性を登用
②育児休業等を取得しやすい職場環境を整備

有価証券報告書に係る内閣府令改正（2015年3月31施行）
役員の男女別人数及び女性比率の記載を義務付け

総理から経済団体への要請②（2014年6月）
①女性登用に向けた目標を設定
②女性登用状況等の情報開示を推進
③新法制定に係る協力要請

- 2007～2011年までの4年間で0.2ポイント増加と、ほぼ横ばいで推移
- 総理から経済界への要請を挟む2012～2016年は、4年間で1.8ポイント増加と、取組が加速

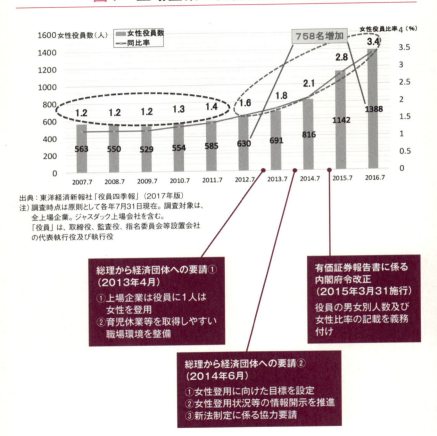

図2　管理的職業従事者に占める女性割合の国際比較

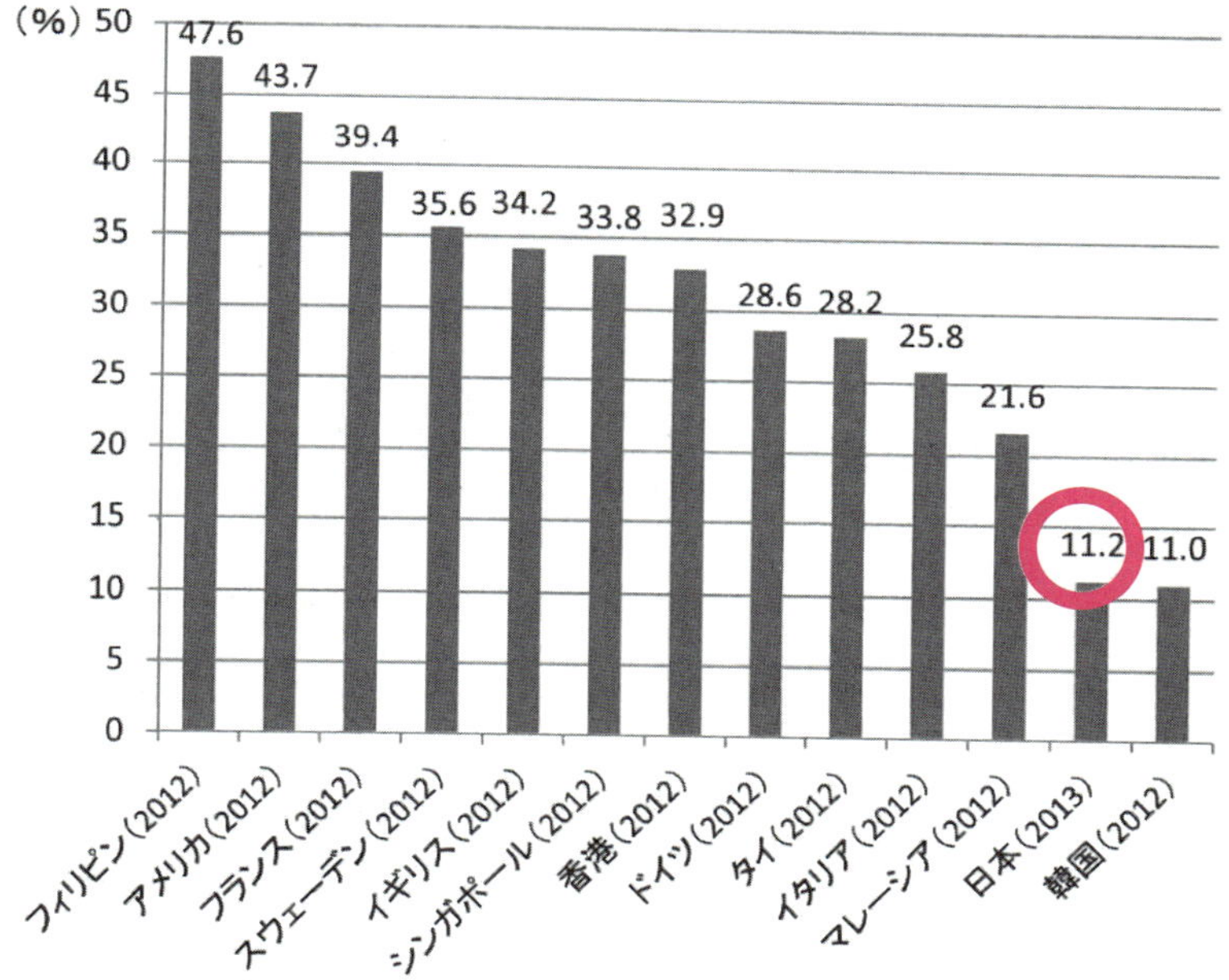

出典：労働政策審議会建議（女性の活躍推進に向けた新たな法的枠組みについて）参考資料（平成26年9月）
注1）ここでいう「管理職」は、管理的職業従事者（会社役員や企業の課長相当測以上や管理的公務員等）をいう。
注2）割合は、管理的職業従事者のうち女性の占める割合
注3）日本は、岩手県、宮城県及び福島県を除く

●管理職に占める女性の割合は、国際的に見ると依然として低く、アジア諸国と比べても特に低い水準にある

図3　妊娠・出産前後に退職した理由

妊娠・出産前後に退職した理由

（「これまでの退職経験」として、
妊娠・出産前後に退職していた女性正社員）

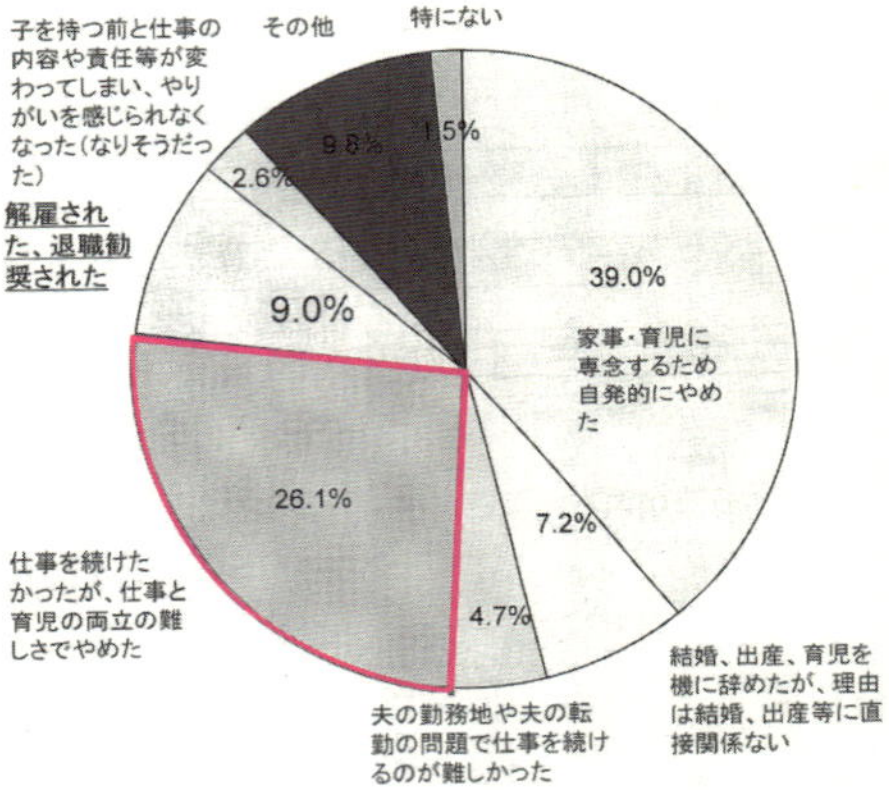

両立が難しかった具体的理由

（「仕事を続けたかったが、仕事と育児の両立の難しさでやめた」と回答した者）

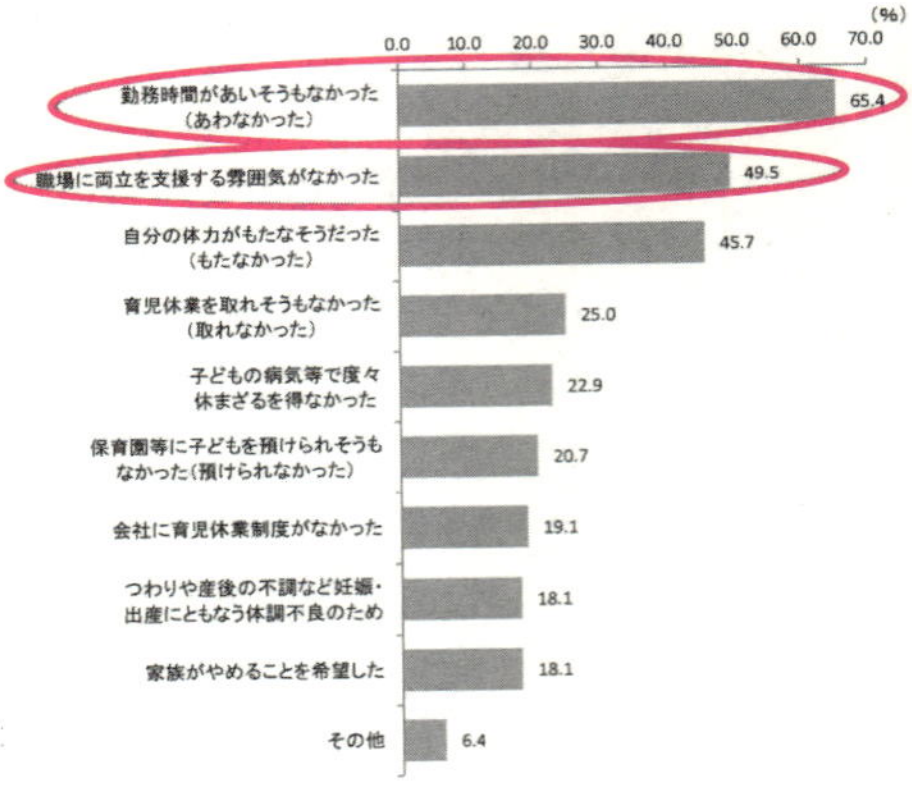

出典：労働政策審議会建議（女性の活躍推進に向けた新たな法的枠組みについて）参考資料（平成26年9月）

- 妊娠・出産を機に退職した理由を見ると、「自発的に辞めた」が39%、「両立が難しかったので辞めた」が約26%、「解雇された、退職勧奨された」が9%
- 両立が難しかった理由として、勤務時間の問題、両立支援の雰囲気のなさを挙げる者が多い

図4　女性の継続就業に必要なこと

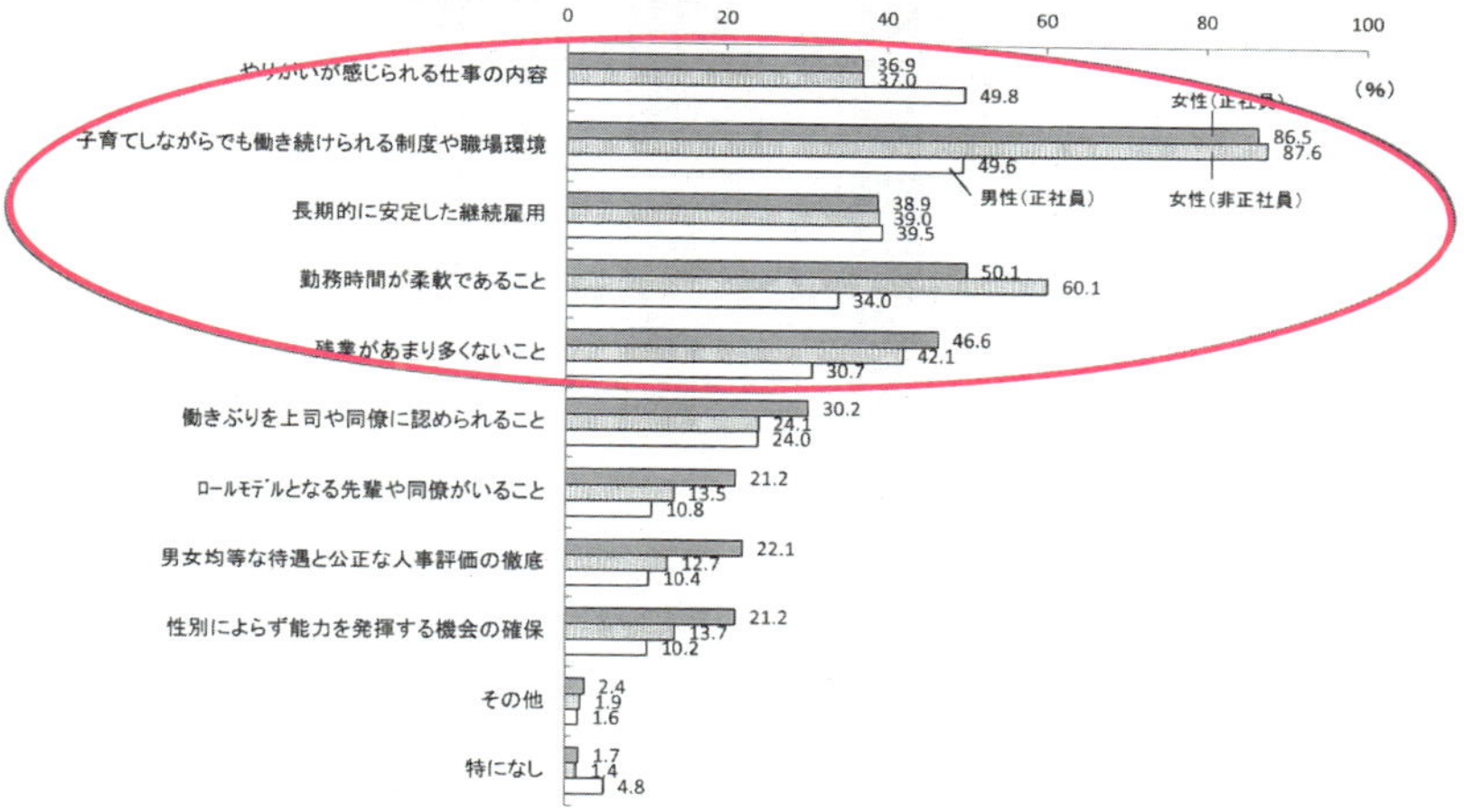

出典：労働政策審議会建議（女性の活躍推進に向けた新たな法的枠組みについて）参考資料（平成26年9月）

●女性にとって子どもを持ちながら働き続けるために必要なこととしては、「子育てしながらでも働き続けられる制度や職場環境」、「勤務時間が柔軟であること」「残業があまり多くないこと」が多く挙げられている。また、「長期的に安定した継続雇用」や「やりがいが感じられる仕事の内容」とする回答も多い。

図5　6歳未満児のいる夫の家事・育児関連時間（1日当たり）

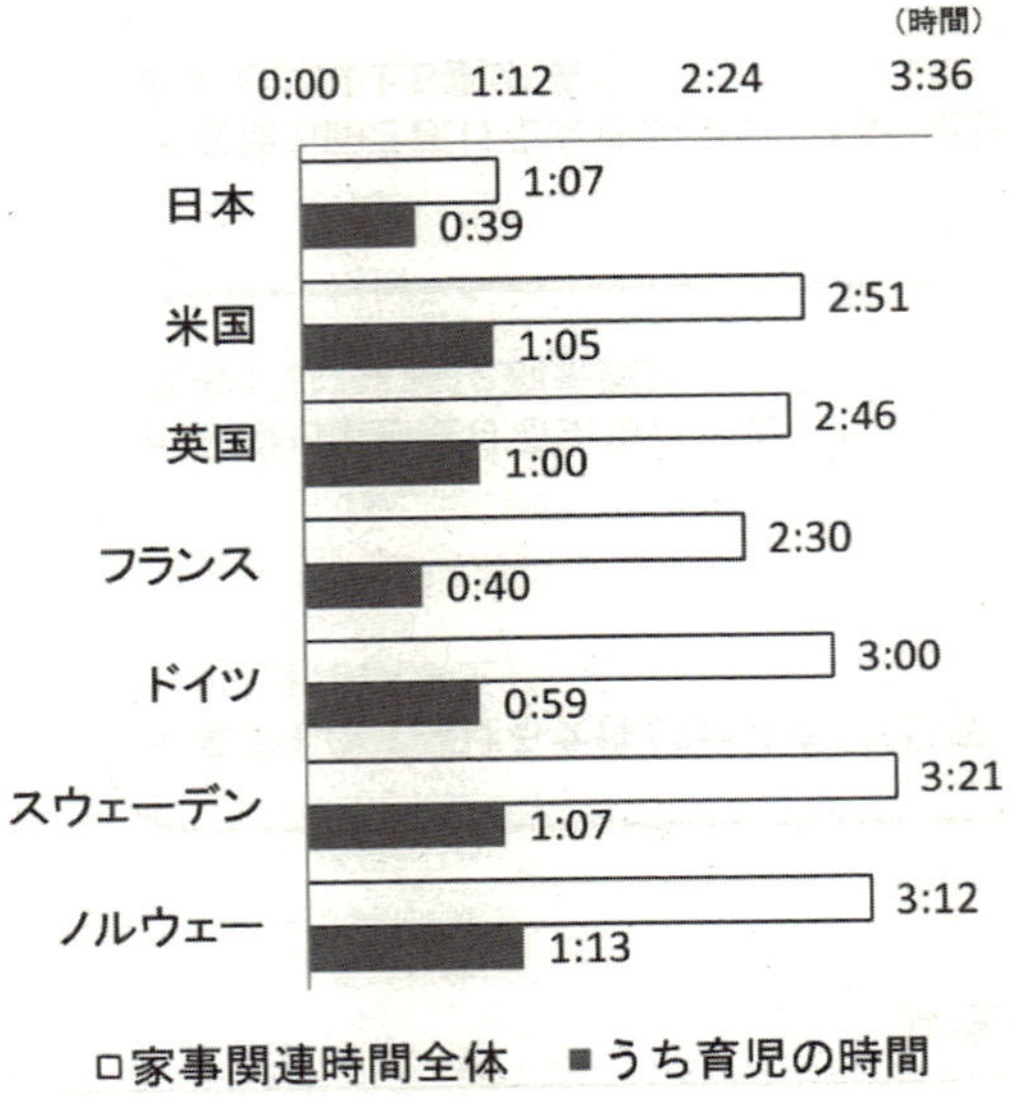

出典：労働政策審議会建議（女性の活躍推進に向けた新たな法的枠組みについて）参考資料（平成26年9月）
注）日本の数値は、「夫婦と子どもの世帯」に限定した夫の時間である

●日本の夫（6歳未満の子どもを持つ場合）の家事・育児関連時間は、1時間程度と国際的にみて低水準

図6　女性役職者が少ない理由（複数回答）

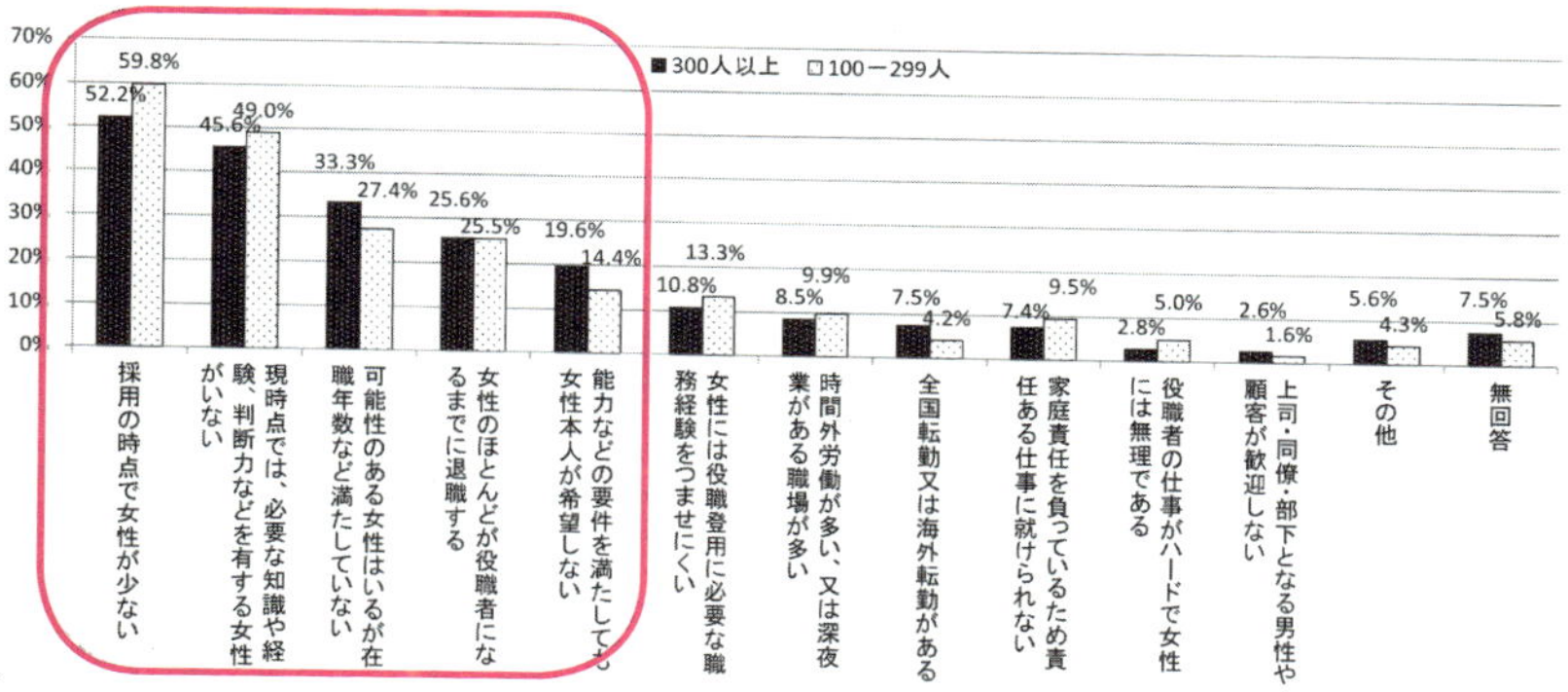

出典：労働政策審議会建議（女性の活躍推進に向けた新たな法的枠組みについて）参考資料（平成26年9月）

●女性役職者が少ない理由については、「採用の時点で女性が少ない」や「現時点では、必要な知識や経験、判断能力などを有する女性がいない」、「可能性のある女性はいるが在職年数など満たしていない」、「女性のほとんどが役職になるまでに退職する」、「女性本人が希望しない」という回答が多く挙げられている

図7　女性管理職の家庭状況

図7－1
管理職の婚姻状況

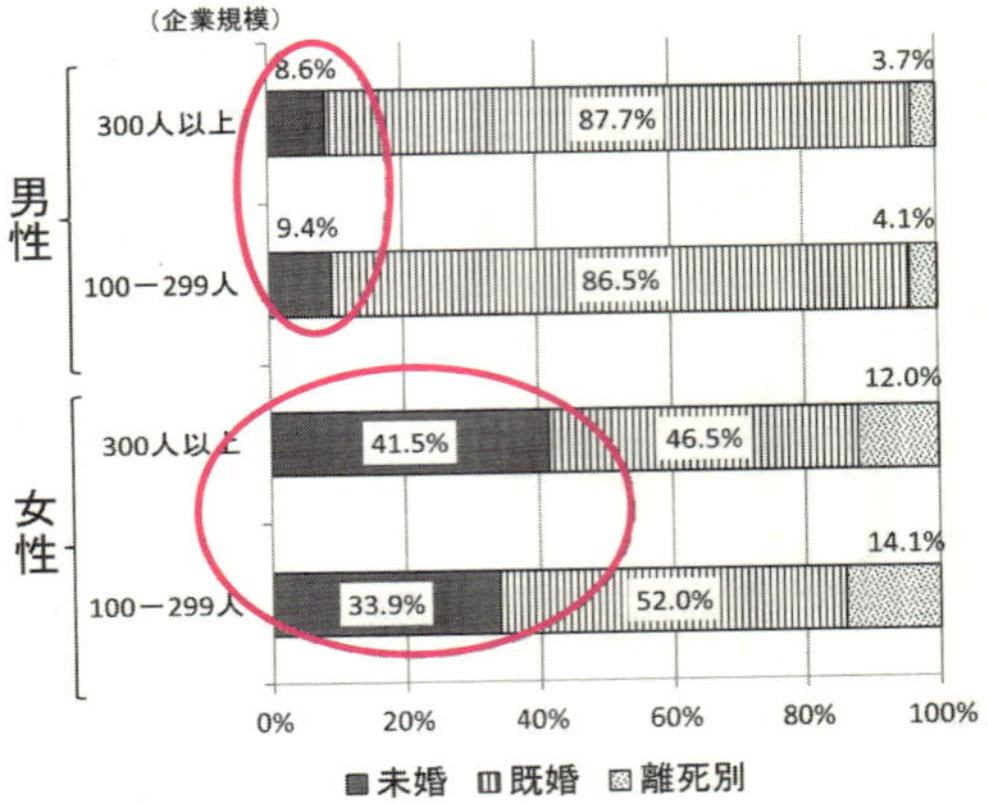

図7－2
管理職の子どもの
有無と人数

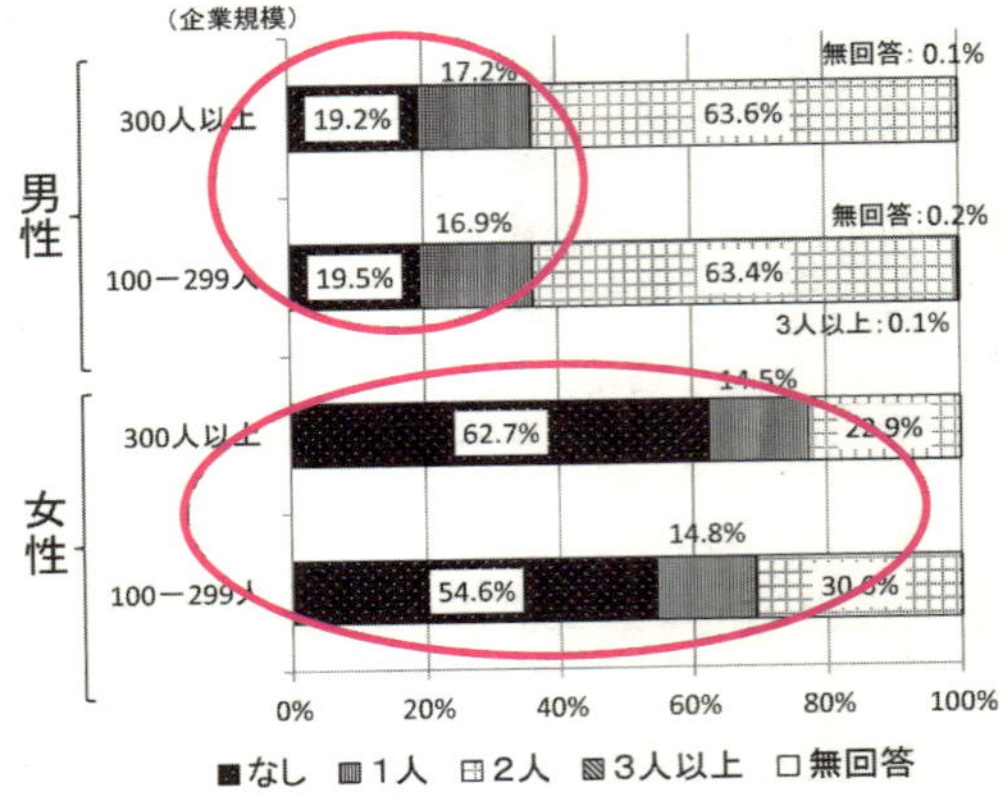

出典：労働政策審議会建議（女性の活躍推進に向けた新たな法的枠組みについて）参考資料（平成26年9月）

- 女性管理職の約4割が未婚者（男性管理職は1割未満）。また、子どものいない女性管理職が約6割を占める（男性管理職は約2割）
- 現在、管理職層へ到達している世代は、仕事と家庭をめぐる厳しい環境の中、結婚・出産と仕事の「二者択一」を迫られてきたケースが多いことがうかがわれる

図8　男女の昇進希望

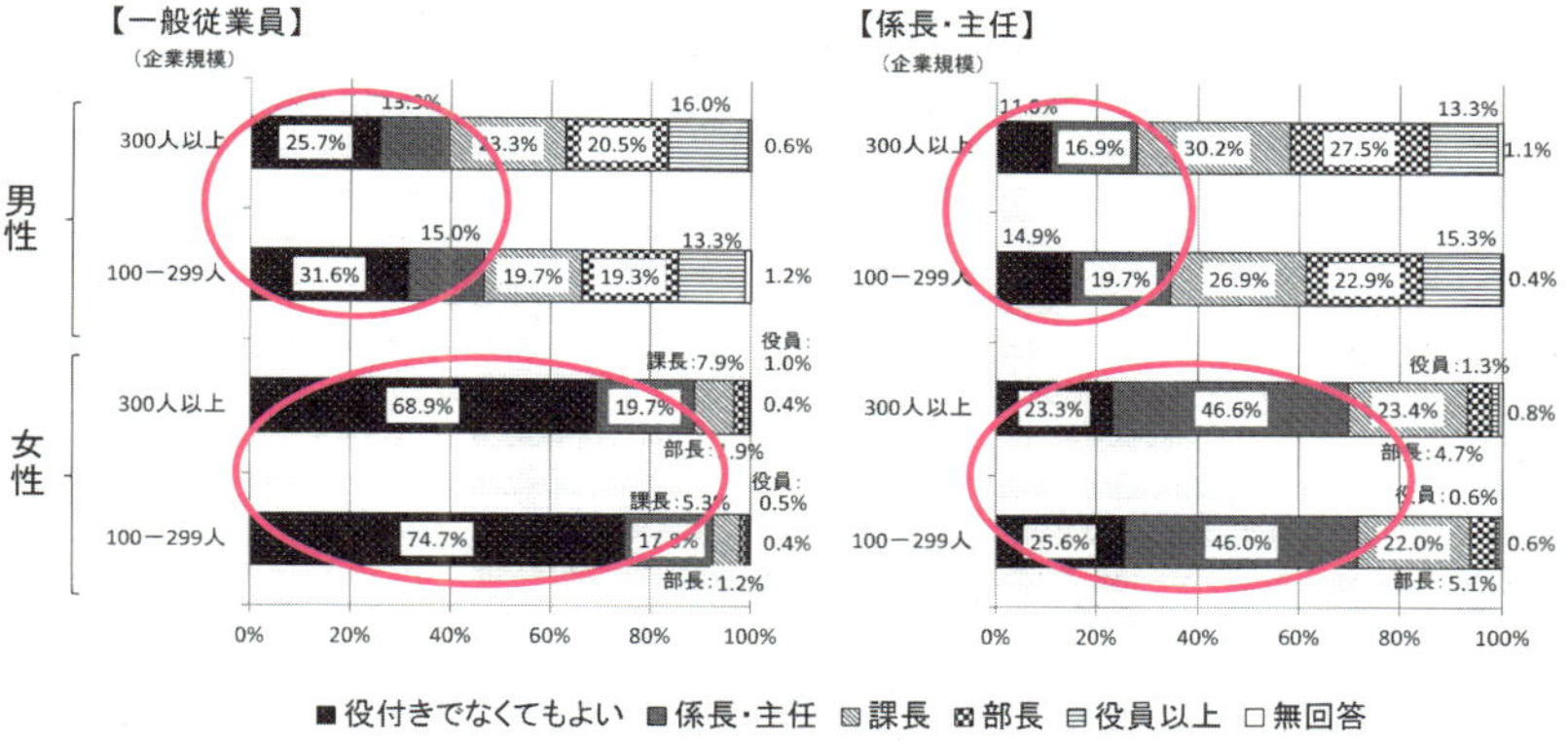

出典：労働政策審議会建議（女性の活躍推進に向けた新たな法的枠組みについて）参考資料（平成26年9月）

●昇進希望の状況を見ると、女性の昇進希望は男性に比べて弱い状況にある

図9　昇進を望まない理由

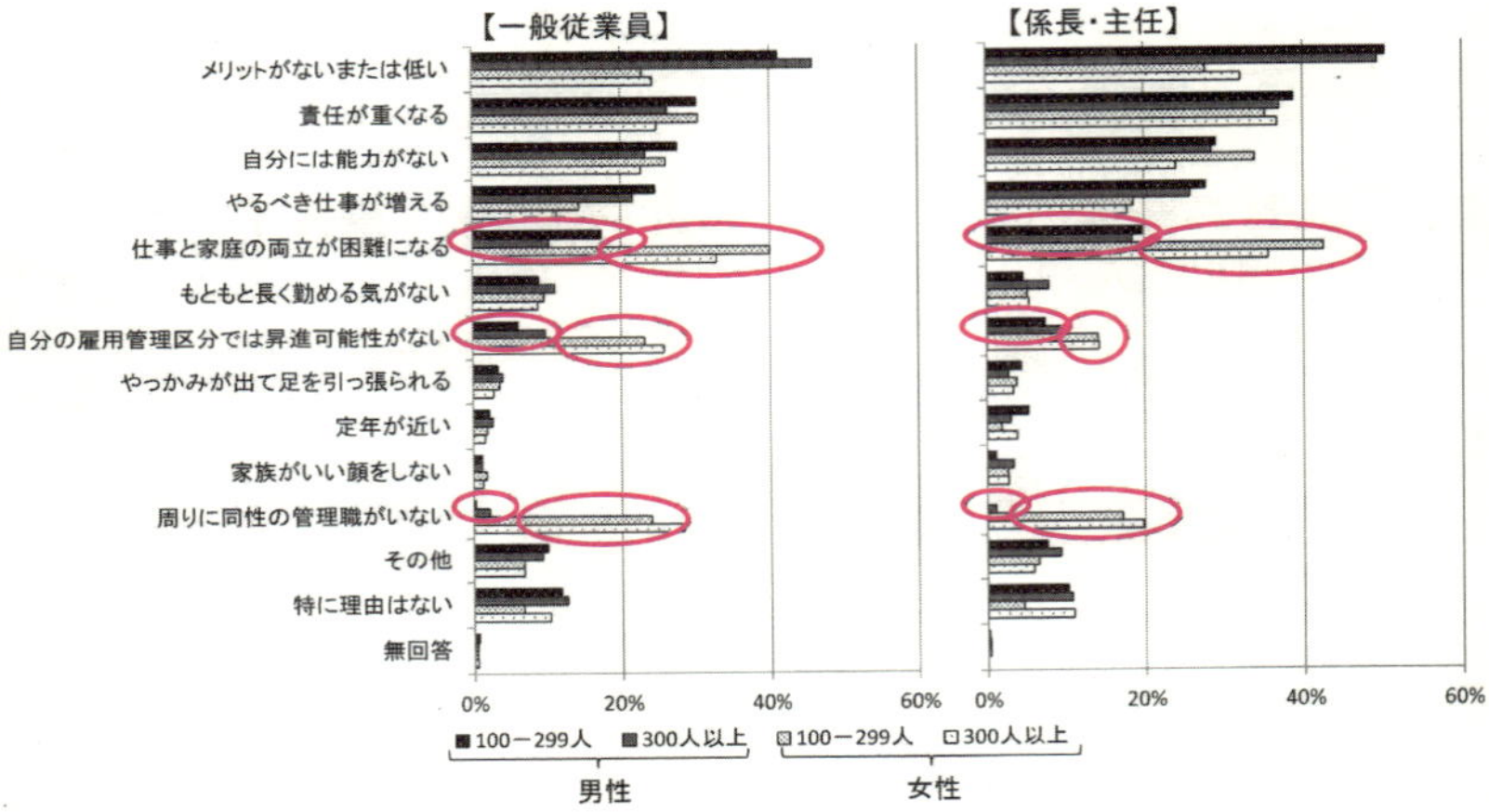

出典：労働政策審議会建議（女性の活躍推進に向けた新たな法的枠組みについて）参考資料（平成26年9月）

●昇進を希望しない理由については、女性では「仕事と家庭の両立が困難」「自分の雇用管理区分では昇進可能性がない」「周りに同性の管理職がいない」が男性に比べて割合が高くなっている

図10　昇進希望と仕事のやりがい

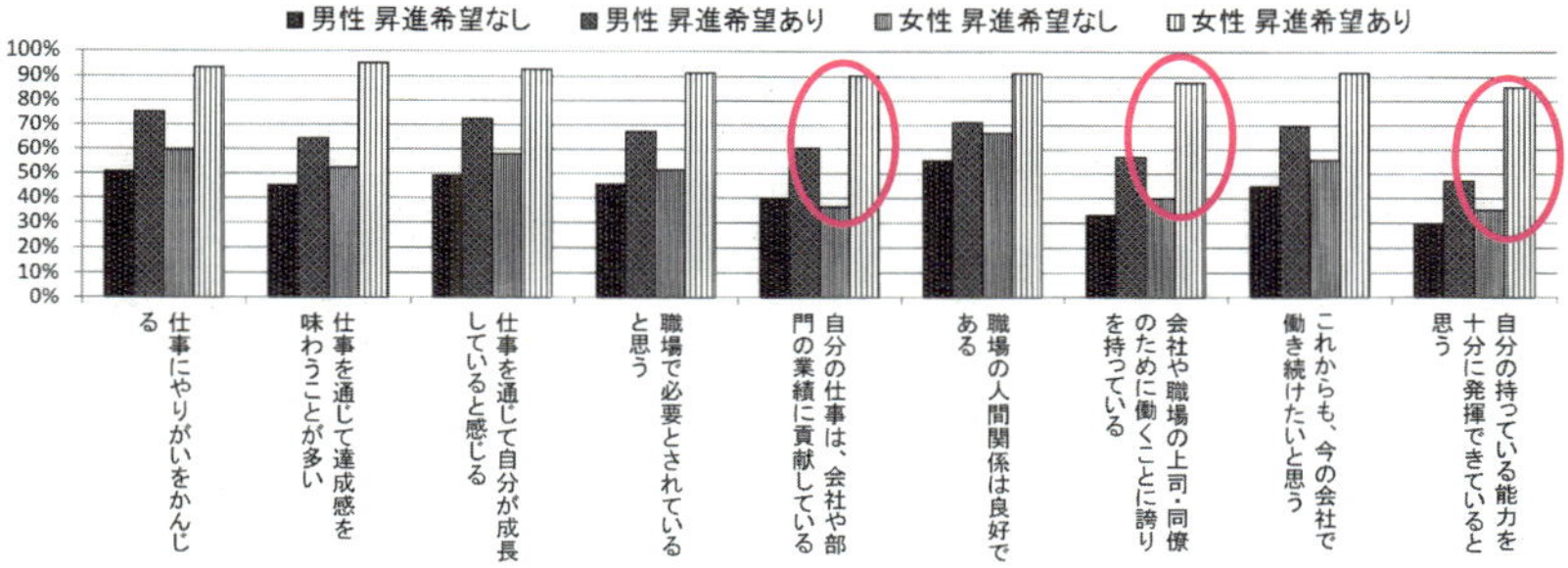

※当てはまる＝「当てはまる」＋「やや当てはまる」

出典：労働政策審議会建議（女性の活躍推進に向けた新たな法的枠組みについて）参考資料（平成26年9月）

- 男性も女性も、仕事のやりがいや達成感を感じられることが昇進希望を持てるかどうかに影響
- 特に女性は、組織への貢献や、働くことへの誇り、能力発揮を感じられるかどうかが、昇進希望を持てるかどうかに強く影響

図11　社長の男女別比率

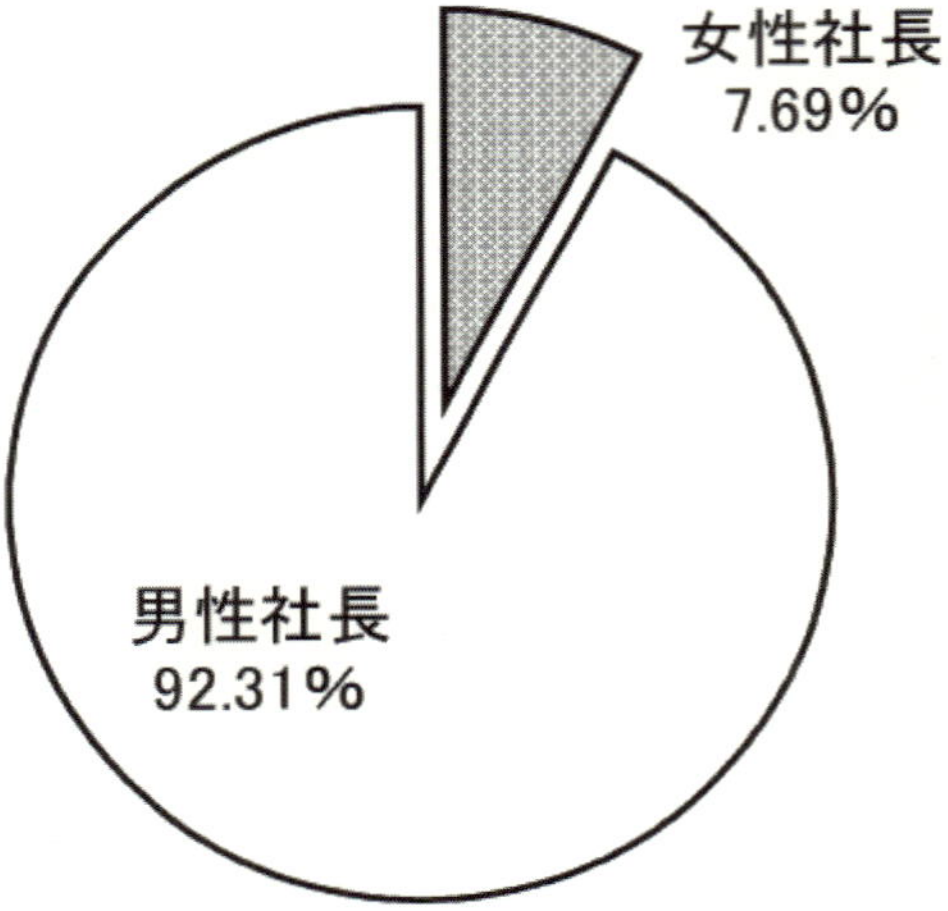

出典：帝国データバンク「全国女性社長分析」（2017年）

●2017年4月末時点の女性社長は企業全体の7.69%を占め、10年前（2007年）と比較して1.45ポイント、前年（2016年）との比較でも0.09ポイントの上昇と、緩やかな増加傾向となった

図12　業種別の女性社長比率

業種別女性社長比率

	2007年（10年前、%）	2016年（前年、%）	2017年（%）	対10年前（ポイント）	対前年（ポイント）
建設業	4.07	4.67	4.69	0.62	0.02
製造業	4.20	4.87	4.95	0.75	0.08
卸売業	5.53	6.52	6.61	1.08	0.09
小売業	9.00	10.23	10.30	1.30	0.07
運輸・通信業	5.71	6.77	6.83	1.12	0.06
サービス業	8.07	10.06	10.21	2.14	0.15
不動産業	14.61	16.28	16.43	1.82	0.15
その他	5.91	6.72	6.72	0.81	0.00
合計	6.24	7.60	7.69	1.45	0.09

業種細分類別上位20業種

		2007年（10年前、%）	2016年（前年、%）	2017年（%）	対10年前（ポイント）	対前年（ポイント）
1	保育所	49.30	46.59	44.70	▲ 4.60	▲ 1.89
2	化粧品小売	28.05	35.87	36.52	8.47	0.65
3	美容業	36.12	34.56	34.26	▲ 1.86	▲ 0.30
4	老人福祉事業	20.07	29.77	30.07	10.00	0.30
5	老人保健施設	23.21	31.92	30.04	6.83	▲ 1.88
6	各種学校	21.98	27.27	28.79	6.81	1.52
7	結婚相談業、同式場紹介業	24.44	30.73	27.37	2.93	▲ 3.36
8	バー、スナック	25.15	27.48	26.78	1.63	▲ 0.70
9	翻訳業	19.77	25.97	25.30	5.53	▲ 0.67
10	個人教授所	18.50	24.34	24.86	6.36	0.52
11	婦人・子供服小売	21.68	24.38	24.74	3.06	0.36
12	貸家業	21.94	24.02	24.31	2.37	0.29
13	貸衣装業	20.78	22.51	23.27	2.49	0.76
14	洋品雑貨小間物小売	18.42	22.79	23.05	4.63	0.26
15	貸間業	24.00	21.31	22.78	▲ 1.22	1.47
16	貸事務所業	19.94	21.39	21.60	1.66	0.21
17	土地賃貸業	18.13	20.83	21.14	3.01	0.31
18	劇団	20.87	20.54	21.06	0.19	0.52
19	タバコ・喫煙具小売	13.86	20.09	20.28	6.42	0.19
20	料亭	20.28	20.69	20.00	▲ 0.28	▲ 0.69

※細分類で100社以上の業種が対象

出典：帝国データバンク「全国女性社長分析」（2017年）

- 業種別では、「不動産業」の女性社長比率が16.43%で最高となり、以下「小売業」（10.30%）、「サービス業」（10.21%）と続いた
- 10年前（2007年）および前年（2016年）との比較では、女性社長比率はすべての業種で増加傾向にある
- 業種細分類別の上位業種をみると、子育てや介護、美容や教育といった生活に根差した業種で女性社長比率が高いことがわかる

凛として輝く　不動産こそ、我が人生！

2017年9月20日　初版発行

著　　者　不動産女性塾
発行者　中野孝仁
発行所　㈱住宅新報社
出版・企画グループ　〒105-0001　東京都港区虎ノ門3-11-15（SVAX TT ビル）
（本　社）　電話（03）6403-7806
販売促進グループ　〒105-0001　東京都港区虎ノ門3-11-15（SVAX TT ビル）
電話（03）6403-7805

大阪支社　〒541-0046　大阪市中央区平野町1-8-13（平野町八千代ビル）電話（06）6202-8541㈹

印刷・製本／藤原印刷
落丁本・乱丁本はお取り替えいたします。

Printed in Japan
ISBN978-4-7892-3874-8　C2030